# IN SIEBEN TAGEN DURCH WIEN
## Wasser & Parks leiten unsere Wege

**STEIN**VERLAG

Petra Menasse-Eibensteiner

# IN SIEBEN TAGEN DURCH WIEN
## Wasser & Parks leiten unsere Wege

Auf sieben Grätzeltouren durch die Stadt

**STEIN**VERLAG

# INHALT

- 8   **Geleitwort**
- 10   **Vorwort und Einleitung**
- 14   **Wiener Wäscheweiber**

### 18   1. GRÄTZELTOUR
Schwarzenbergplatz ~ Wohllebengasse ~ Argentinierstraße ~ Sankt Elisabeth-Platz ~ Weyringergasse ~ Kolschitzkygasse ~ Draschepark ~ Blechturmgasse ~ Wiedner Hauptstraße ~ Resselpark ~ Schwarzenbergplatz

- 35   Unsere Lieblings-Spots im Grätzel

### 36   2. GRÄTZELTOUR
Neulinggasse ~ Ungargasse ~ Jacquingasse ~ Schweizergarten ~ Arsenal ~ Sonnwendviertel ~ Wien HBF ~ Columbusplatz

- 71   Unsere Lieblings-Spots im Grätzel

### 72   3. GRÄTZELTOUR
Matznerviertel ~ Einwanggasse ~ Hadikgasse ~ Badhaussteg ~ Dommayergasse ~ Auhofstraße ~ Nikolausgasse

- 91   Unsere Lieblings-Spots im Grätzel

### 92   4. GRÄTZELTOUR
Westbahnhof ~ Felberstraße ~ Pelzgasse ~ Goldschlagstraße ~ Hackengasse ~ Märzstraße ~ Tannengasse ~ Markgraf-Rüdiger-Straße ~ Nibelungenviertel ~ »Schutzhaus Zukunft auf der Schmelz« ~ Alliogasse ~ Fröbelgasse ~ Hofferplatz ~ Thaliastraße ~ Brunnengasse ~ Yppenplatz ~ Josefstädter Straße ~ Albertgasse ~ Hebragasse ~ Kinderspitalgasse ~ Mariannengasse ~ Spitalgasse ~ Währinger Straße ~ Aumannplatz ~ Türkenschanzstraße ~ Sternwartepark

- 133   Unsere Lieblings-Spots im Grätzel

## 5. GRÄTZELTOUR 134

Servitengasse ~ Friedensbrücke ~ Gaußplatz ~
Scholzgasse ~ Augarten ~ Donaukanal entlang bis Franzensbrücke ~ auf der anderen Seite bis Schwedenplatz retour

Unsere Lieblings-Spots im Grätzel 169

## 6. GRÄTZELTOUR 170

Zieglergasse ~ Lerchenfelder Straße ~ Weghuberpark ~
Museumstraße ~ Bellariastraße ~ Volksgarten ~ Ballhausplatz ~
Minoritenplatz ~ Herrengasse ~ Michaelerplatz

Unsere Lieblings-Spots im Grätzel 213

## 7. GRÄTZELTOUR 214

Schlossgasse ~ Hofgasse ~ Margaretenplatz ~
Strobachgasse ~ Rüdigergasse ~
Stiegengasse ~ Amonstiege/Raimundhof

Unsere Lieblings-Spots im Grätzel 233

## DER ZENTRALFRIEDHOF 234

In und um den Zentralfriedhof … 253

Danksagung 254
Die Autorin 255
Impressum 256
Postkarten zum Heraustrennen

### Liebe Leserin, lieber Leser,

in der Rangliste der lebenswertesten Städte wird Wien seit vielen Jahren ganz vorne, wenn nicht sogar, wie zuletzt 2018 im Economist-Ranking, an die erste Stelle gereiht. Es sind viele positive Faktoren, die zu diesen Einschätzungen führen. Die wesentlichen sind Infrastruktur, Bildung, Gesundheitsversorgung, Stabilität und Kultur.

Für einen Immobilienentwickler wie JP Immobilien ist es eine Freude, in einer solchen Stadt planen und bauen zu dürfen. Wir sehen es aber auch als große Verantwortung, Teil der Weiterentwicklung zu sein und Neues zur hervorragenden Wiener Baukultur beizutragen. Das beinhaltet im Besonderen unsere Verpflichtung, den Bedürfnissen unserer Kunden nachzukommen und ihnen Immobilien an guten Plätzen anzubieten, sei es für das Wohnen oder für ihre gewerblichen Aktivitäten.

Eine Stadt ist letztlich immer so lebenswert, wie sie ihre Bürger gestalten. Das vielleicht Einzigartige an der Millionenstadt Wien besteht darin, dass sie zwar über ihre Verkehrsinfrastruktur ein einheitliches Ganzes bildet, aber dann doch in kleine Stadtteile, die oft analog zur ehemaligen Dorfstruktur verlaufen, gegliedert ist. Die Menschen

in den Wiener Grätzeln kennen einander und haben das gemeinsame Interesse, sich in ihrem unmittelbaren Umfeld so zuhause wie nur möglich zu fühlen.

Wir von JP Immobilien gehen mit Petra Menasse-Eibensteiner seit vielen Jahren der Faszination dieser Lebensform nach. Wir haben mit ihr gemeinsam schon eine Reihe von großformatigen Magazinen, die Grätzelberichte, gestaltet und sie mitunter durch kleine Filme ergänzt. Als sie an uns die Idee herantrug, aus den bisherigen Erfahrungen und neuen Recherchen ein Grätzelbuch zusammenzustellen, waren wir gerne Rat gebend und unterstützend dabei.

Das Buch erzählt über Geschichte, Baukultur, über Menschen, ihre Geschäfte und Lokale und macht verständlich, warum Wiener ihre Stadt lieben und strenge Juroren sie an die Spitze der Metropolen der Welt setzen.

Ich wünsche Ihnen ein schönes Leseerlebnis und viele Entdeckungen in Ihrer Stadt.

Martin Müller

Geschäftsführer, JP Immobilien

# VORWORT

Von Petra Menasse-Eibensteiner

Wir haben im Laufe der letzten Jahre über viele Wiener Grätzel geschrieben, sie alle fanden irgendwann ihren Platz in den einzelnen Berichten, die seit 2012 jährlich in Magazinform erschienen sind. Nun aber ist es an der Zeit, von einem zum anderen zu wandern und sie alle in einem »Grätzel-Wanderbuch« für Wien zu vereinen.

Die Innenstadt ist bestens dokumentiert. Tag für Tag fotografieren ganze Legionen von Touristen die immer gleichen Häuser, Plätze und Denkmäler. Es gibt Bücher über Wanderrouten in den Grünzonen um Wien herum, aber es gibt kein »Grätzel-Wanderbuch«, das durch die inneren Bezirke der Stadt führt. Das soll sich mit dem vorliegenden Werk ändern.

Wir durchwandern die Straßen Wiens, lassen unseren Blick schweifen, weichen mitunter vom direkten Weg ab, machen Abstecher und plaudern mit Menschen vor Ort, um Einblick in das Leben im Grätzel zu gewinnen. Da gibt es den Stammwirten, dort die Geschäfte, in denen man bekannt ist und mit Namen begrüßt wird.

Jedem Grätzel werden unterschiedliche Eigenschaften und Gebräuche zugeschrieben, jedes hat seine Geschichte und seine Kultur. Weil aber Städte sich fortentwickeln wie lebendige Organismen, verändern sich auch die Lebensbedingungen in den Grätzeln laufend. Die im Nordosten an die Innenstadt angrenzende Leopoldstadt hat ihr Gesicht in jüngster Zeit stark verändert. Durch das Wachstum der Stadt weit über die Donau hinaus und die Anbindung an die U-Bahn ist der 2. Bezirk ins Zentrum gerückt. Wo früher in Hinterzimmern der Stoß gespielt und manche Unterweltfehde ausgetragen wurde, stehen heute die Häuser der jungen und weniger jungen, hippen Städter. Ähnliches hat sich beispielsweise in Neubau, dem 7. Wiener Gemeindebezirk zugetragen, wo die Sanierung des Spittelbergs, der Bau des MuseumsQuartiers und die Ausgestaltung der Mariahilfer Straße aus einem vernachlässigten Innenbezirk einen zeitgemäßen Platz für Studenten, Künstler und Kreative gemacht hat.

Täglich ziehen Menschen in die Stadt, neue Geschäfte mit frischen Ideen eröffnen, andere schließen ihre Rollläden für immer. Selbst in den ältesten Wiener Grätzeln finden sich stets neue Gesichter und noch nie dagewesene Facetten. Gerade rund um den Hauptbahnhof zeigen sich stetiger Wandel und Innovation aktuell besonders gut. Kaum ein Stein ist auf dem anderen geblieben. Ein beeindruckendes Beispiel für das Entstehen eines völlig neuen Grätzels. Erneuerung muss aber nicht immer mit Um- oder Neubau einhergehen, manchmal passiert es auch in liebevoller Handarbeit. In der Servitengasse am Alsergrund beispielsweise, wo sich nach und nach immer mehr Restaurants und Geschäfte angesiedelt haben, die Tradition und Handwerk mit modernen Konzepten verknüpfen. Oder es geht zuerst langsam und dann ganz schnell. Da entdecken etwa ein, zwei Filmschaffende und Werber das Grätzel rund um den Margaretenplatz für sich und plötzlich zieht es immer mehr Kreative nach Margareten mit seinen kleinen Gässchen und dem filmischen Licht.

Anziehungspunkt sind aber auch die Menschen, die gute Nachbarschaft, die sich über Jahre hinweg entwickelt. Entlang der Hietzinger Auhofstraße ist zwischen Kinderspielplätzen, grünen Oasen und dem täglichen Treffpunkt bei der Bäckerei schon lange ein freundliches, dörfliches Wir-Gefühl herangewachsen. Mit dem Extra, der Wanderung durch den Zentralfriedhof, haben wir versucht, eine Verbindung zwischen Vergangenheit und Gegenwart zu schaffen. Es ist dieser Friedhof ein fast mystischer Ort mit Grünflächen, Tausenden unterschiedlich ausgestalteten Grabstätten, mit Erinnerungen an einfache Leute und prominente Bürger, die jetzt gemeinsam hier liegen, mehr oder weniger vergessen, mehr oder weniger in der Erinnerung der Nachwelt. Viele berühmte Personen, denen wir in irgendeinem Zusammenhang in den Grätzeln begegnet sind, haben hier ihre letzte Ruhestätte gefunden. Und schließlich ist der Friedhof auch sehr lebendig, weil viele Tierarten ihn zu ihrem Grätzel gemacht haben.

Jede unserer sieben Wanderungen verbindet mehrere, kleinere Grätzel miteinander und führt uns folgerichtig beim Wandern in oft ganz unterschiedliche Milieus. Das macht Wien aus, dass es Platz gibt für unterschiedliche Kulturen und Gepflogenheiten. Hier kann sich jede und jeder wohlfühlen.

Ergänzt werden die Wanderungen durch viele Fotografien, G'schichteln und O-Töne. Zahlreiche Interviews wurden geführt, aufgezeichnet, viele Kilometer sind wir gegangen, eine Reihe von Tipps haben wir für Sie nach jeder Wanderung zusammengestellt. Und doch haben wir längst noch nicht alle Grätzel erforscht, denn eine so facettenreiche Stadt wie Wien muss immer wieder aufs Neue erobert werden.

Wir freuen uns, wenn Sie uns ein Stück des Weges begleiten.

graetzelbericht.at    facebook.com/DerGraetzelBericht

> »Wir Wiener Wäscheweiber würden weiße Wäsche waschen, wenn wir wüssten, wo weiches Wasser wär'«

»Wir Wiener Wäscheweiber würden weiße Wäsche waschen, wenn wir wüssten, wo weiches Wasser wär'«, lautet ein netter Wiener Zungenbrecher. Wir helfen den Wäscherinnen gerne, indem wir ihnen sowie unseren Leserinnen und Lesern ausgesuchte Grätzel in Wien entlang von Wasserläufen, Trink- und Monumentalbrunnen zeigen.

Wien und Wasser bilden eine ganz besondere Einheit. Das Trinkwasser der Stadt kommt direkt und in bester Qualität von den weit außerhalb liegenden Quellen in die Stadt und in unsere Haushalte. Wir drehen den Wasserhahn auf und genießen ohne Zögern reines Trinkwasser, genauer gesagt Wasser aus den niederösterreichisch-steirischen Alpen. Zwei sogenannte Hochquellenleitungen sind dafür verantwortlich, dass die Wiener und ihre Gäste täglich mit bestem Nass aus den Quellgebieten versorgt werden. Der Tagesverbrauch der Stadt beläuft sich auf rund 368.000 Kubikmeter Wasser.

Das Ursprungsareal der historisch ersten Hochquellenleitung umfasst das mehr als hundert Kilometer entfernte, südwestlich von Wien gelegene Gebiet von Schneeberg, Rax und Schneealpe. Es wurde anlässlich der Weltausstellung am 24. Oktober 1873 als Europas längste Wasserleitung eröffnet. Der Hochstrahlbrunnen am Schwarzenbergplatz erinnert heute noch an dieses visionäre Bauwerk. Die zweite Hochquellenleitung, fertiggestellt 1910, wird vom Gebirgsstock des weiter westlich gelegenen Hochschwabs gespeist. Insgesamt gelten 675 Quadratkilometer als Schongebiet zum Schutz des Wasservorkommens. Der ganze Bereich wurde vorsorglich von der Stadt Wien gekauft, um jede Beeinträchtigung durch landwirtschaftliche oder andere Nutzungen zu verhindern.

Rund 900 Trinkbrunnen, verteilt in Parks, auf Märkten und Spielplätzen, gibt es in Wien. Sie bieten den Durstigen kostenlose Erfrischung. Und ab und an findet man in einem offenen Durchhaus oder beim Besuch von Freunden in einer Etage eines Altbaus auch noch eine Bassena[1], ein Überbleibsel aus der Anfangszeit der Wasserversorgung Wiens, als erstmals reines Trinkwasser und Hygiene in die Stadt, aber noch nicht bis in die Wohnungen gebracht wurden.

In Abwandlung eines bekannten Lieds sagen wir jetzt: »Das Wandern ist des Wieners Lust« und weiter »das muss ein schlechter Wiener sein, dem niemals fiel das Wandern ein«. Das Original »Das Wandern ist des Müllers Lust« wurde 1821 von Wilhelm Müller geschrieben und 1823 vom österreichischen Komponisten Franz Schubert vertont.

[1] Eine allgemein zugängliche Wasserstelle am Gang eines Altbaus. Üblicherweise gab es in jedem Stockwerk im Stiegenhaus eine Bassena, an der die umliegenden Parteien das Kaltwasser holten. Die Bassena war nicht nur die Wasserstelle des Hauses, sondern auch allgemeiner Treffpunkt. An der Bassena gedieh vor allem der Tratsch, Bassenatratsch genannt. (Wikipedia)

Diesem Motto gerecht werdend, wandern wir in diesem Buch durch eine Reihe von Grätzel, die allesamt mitten in der Stadt liegen. Sieben Wanderungen sollen es werden. Zu Fuß erkunden wir die Grätzel und ihre Verbindungswege, bewundern außerordentliche Architektur, sprechen mit interessanten und liebenswerten Menschen, und immer wieder halten wir inne, kehren da und dort ein und genießen die Gastfreundschaft der Stadt. Das Wasser aus den Alpen braucht rund 16 Stunden, bis es in Wien ankommt. Wir benötigen für die längste Wanderung nur rund zwei Stunden – reine Gehzeit, wohlgemerkt. Wenn wir dazwischen die Schönheiten der Stadt genießen, auch mal stehen bleiben, um auszuruhen oder irgendwo einzukehren, können schnell ein paar gemütliche Stunden dazukommen.

Zu Anfang gleich ein Tipp: Sollte es den Lesern einmal ob der sommerlichen Hitze in den Gassen und Straßen der Stadt zu heiß werden, ist eine »Wiener Kanal-Wanderung« eine gute Alternative. Im Rahmen der »Dritte Mann Tour«, auf den Spuren von Orson Welles alias Harry Lime aus dem Film »Der dritte Mann«, kann man von Mai bis Oktober in die Unterwelt Wiens abtauchen, Interessantes erleben und dabei abkühlen. Der Einstieg befindet sich am Karlsplatz, gegenüber des »Café Museum«. Eine Voranmeldung unter drittemanntour.at ist notwendig.

Ein Grätzel, dieses kleine Stück Heimat inmitten der großen anonymen Stadt, steht für ein ganz besonderes Lebensgefühl. Wir machen uns auf den Weg und besuchen Grätzel, die unterschiedlicher nicht sein könnten. Jedes hat seine eigene Geschichte und seine ganz besondere Kultur. Und weil sich Städte fortentwickeln, verändern sich auch laufend die Lebensbedingungen in den Grätzeln. Selbst im zentralen Kern finden sich immer wieder neue Gesichter und Facetten. Grund genug, die Grätzel zu durchwandern und Veränderungen aufzuspüren. Beispielsweise die Leopoldstadt, der 2. Bezirk, der durch die Anbindung an die U-Bahn und das Wachstum der Stadt, weit über die Donau hinaus, weiter ins Zentrum gerückt ist. Oder Neubau, der 7. Bezirk, wo die Sanierung des Spittelbergs, der Bau des MuseumsQuartiers und die Ausgestaltung der Mariahilfer Straße aus einem vernachlässigten Innenbezirk einen zeitgemäßen Platz gemacht hat, in dem es sich gut wohnen lässt und der zum Durchwandern einlädt.

Wir starten mit unserem ersten Rundgang, der uns durch Teile des 4. Bezirks, der Wieden, führt und wandern dabei vom Hochstrahlbrunnen am Schwarzenbergplatz über die Schwind- und Wohllebengasse, Argentinierstraße, den Sankt Elisabeth-Platz, die Weyringergasse, Kolschitzkygasse, den Draschepark, die Blechturmgasse über die Wiedner Hauptstraße bis zum Resselpark und zurück zu unserem Ausgangspunkt, dem Hochstrahlbrunnen.

# 1. GRÄTZELTOUR

Schwarzenbergplatz ~ Wohllebengasse ~ Argentinierstraße ~ Sankt Elisabeth-Platz ~ Weyringergasse ~ Kolschitzkygasse ~ Draschepark ~ Blechturmgasse ~ Wiedner Hauptstraße ~ Resselpark ~ Schwarzenbergplatz

# 1. GRÄTZELTOUR

Schwarzenbergplatz ~ Wohllebengasse ~ Argentinierstraße ~ Sankt Elisabeth-Platz ~ Weyringergasse ~ Kolschitzkygasse ~ Draschepark ~ Blechturmgasse ~ Wiedner Hauptstraße ~ Resselpark ~ Schwarzenbergplatz

Reine Gehzeit: 1 Stunde

Wir stehen vor dem Hochstrahlbrunnen. Jeder Wiener, jede Wienerin kennt ihn, den Leuchtbrunnen. Am 24. Oktober 1873 wurde er erstmals in Betrieb genommen. Mit seinen unterschiedlich hohen Fontänen und der stets wechselnden, nächtlichen Beleuchtung in den Farben Rot, Rosa, Gelb, Violett, Blau und Grün zieht er sowohl vorbeieilende bzw. -fahrende als auch vorüberschlendernde Menschen in seinen Bann. Morgens im Sommer, bei günstiger Sonneneinstrahlung, ziert fast täglich ein Regenbogen das Wasserspiel. »Wasser marsch« heißt es jährlich im Frühjahr für die 55 Monumental- und Denkmalbrunnen Wiens. Den Auftakt macht immer der Hochstrahlbrunnen zum Weltwassertag am 23. März. Nach und nach gehen dann alle Brunnen in Betrieb.

Nachts wechselt die Beleuchtung, am Tag macht sich der Hochstrahlbrunnen manchmal selbst sein Spektakel – einen Regenbogen.

Vom Hochstrahlbrunnen aus ist man schnell zu Fuß im 1. Bezirk, Innere Stadt, im 3., Landstraße, oder im 4., Wieden. Unser Weg führt uns über die Wohllebengasse auf die Wieden. Doch bevor wir starten, werfen wir noch einen Blick auf die Prachtbauten ringsum – als da wären das Palais Schwarzenberg direkt hinter dem Hochstrahlbrunnen, das Palais Erzherzog Ludwig Viktor – heute u. a. als zusätzliche Spielstätte des Burgtheaters genutzt – und das Haus der Industrie, um nur einige wenige zu nennen. Beim Überqueren der Prinz Eugen-Straße werfen wir rechter Hand einen Blick auf das auffallende, freistehende, mit einem kleinen Garten und niedrigen Zaun umgebene Gebäude. Es handelt sich um die Französische Botschaft, errichtet 1912 nach den Entwürfen des Pariser Architekten Georges Chedanne im Stil des »Art Nouveau«, als Hommage an den Wiener Jugendstil. Das »moderne« Gebäude galt lange Jahre als Stilbruch und Provokation, denn es hebt sich in seiner Gestaltung deutlich von den umgebenden, eher klassizistischen Häusern ab.

Wir biegen rechts in die Wohllebengasse ein. Gleich auf Nummer 10 befindet sich das Wohlleben, ein Restaurant, das sich durch hausgemachte Spätzle aller Art auszeichnet. Für eine Stärkung ist es jetzt am Anfang unserer Tour vielleicht noch etwas zu früh, aber wenn wir am Ende unserer Wanderung am Ausgangsort, dem Hochstrahlbrunnen ankommen, tut eine Stärkung gut.

> Nicht immer stimmt der Spruch »Nomen est Omen«. Stephan Edler von Wohlleben, der Namensgeber dieser kleinen Wiedener Gasse, stieg zwar in hohe Positionen auf, wurde 1801 in den Adelsstand erhoben und war schließlich von 1804 bis 1823 Bürgermeister von Wien, doch ganz gemütlich hatte er es nicht. Die französischen Besatzungen von 1805 und 1809 ließen Chaos und große Not in Wien zurück, sodass Wohlleben viel für Sicherheit und Armenbetreuung zu leisten hatte und weniger das sorgenlose Wohlfühlen genießen konnte, das sein Name suggeriert.

Die Wohllebengasse hatte auch im 20. Jahrhundert viele prominente Bewohner, darunter die Familie Gallia, die 1938 flüchten musste und nach Australien gelangte. Sie war eine der wenigen, der es gelang, ihren Kunstschatz mitzunehmen und damit vor dem Zugriff der Nationalsozialisten zu retten. Ein Nachkomme, Tim Bonyhady, publizierte das Buch »Wohllebengasse – Die Geschichte meiner Wiener Familie«, das ein Leben mit Kunst von den Secessionisten bis Josef Hoffmann und die dramatische Flucht der Gallias schildert. Ein Blick nach oben lohnt, weil es hier prächtige Fassaden zu bewundern gibt.

In der Argentinierstraße angekommen, wenden wir uns nach links und gehen diese leicht ansteigende Straße bis zum Sankt Elisabeth-Platz hinauf. Argentinien hat sich vor rund hundert Jahren einen Namen in der Straßenbenennung der Wienerstadt gesichert. Das südamerikanische Land spendete nach dem Ersten Weltkrieg fünf Millionen Peso, um die Not der Wiener zu lindern. Als Dank wurde 1921 die prächtige Straße nach dem Spenderland benannt. Auf Nummer 1–3 findet sich eine Gedenktafel zur Erinnerung an die humanitäre Aktion.

Die Argentinierstraße mutierte von einer ländlichen Allee hin zur Prachtstraße mit vielen Palais, etwa zur gleichen Zeit, als die Stadtmauern fielen und die Wiener Ringstraße entstand. So kann man den im Historismus üblichen Stil aus dem letzten Drittel des 19. Jahrhunderts hier in vielen prächtigen Ausformungen finden.

Eines der in Wien zuletzt meist besprochenen Gebäude ist das Haus 30a. Hier, auf den ehemaligen Gartengründen des Theresianums, wurde nach Plänen von Clemens Holzmeister, Erich Schmid und Hermann Aigner das Funkhaus des ORF errichtet. Als Pläne bekannt wurden, die Radiosender in das Gebäude des ORF-Fernsehens auf den Küniglberg zu verlegen, kam es zu breiten Protesten. Das unter Denkmalschutz stehende Gebäude mit seiner zentralen Lage soll nach Ansicht vieler Journalisten und Kunstschaffender nicht aufgegeben werden. Inzwischen ist das Haus verkauft, der ORF sendet aber weiterhin von dort.

Wieden ist zwar ein typisch »innerer«, also innerhalb des Gürtels liegender Bezirk und daher dicht besiedelt, mit wenig Grünflächen. Allerdings bewies die Bezirksverwaltung in den letzten Jahren, dass man auch auf knappem Platz einiges erreichen kann. Immerhin 90 Prozent der vorhandenen Grünräume werden für Parkanlagen genutzt und sind der Öffentlichkeit zugänglich. Die kleinste und für Wien typische Form ist der sogenannte Beserlpark. Diese kleinen Grünflächen entstehen zumeist, wenn nach dem Abriss eines Hauses eine Lücke vorhanden ist.

Platz zum Toben – für Kinder ist das auch im dichtbesiedelten Wieden möglich. Ein kleiner Park auf der Wieden, ein wenig Grün, ein paar Freundinnen – das macht einen schönen Kindheitstag.

Ein relativ junger Park dieser Art ist der Anton-Benya-Park, nach dem Funkhaus auf der linken Seite der Argentinierstraße. Die von der Arbeiterkammer Wien zu Ehren des Gewerkschafters und Sozialpolitikers benannte und 1990 eröffnete Parkanlage befindet sich auf geschichtsträchtigem Boden: Im 19. Jahrhundert stand hier das Palais von Nathaniel Meyer Freiherr von Rothschild samt Park. Im Zweiten Weltkrieg wurde es als Gestapo-Gefängnis genutzt und nach 1945 abgerissen. Heute befinden sich auf dem Areal neben dem Park das Adolf Czettel Bildungszentrum der Arbeiterkammer mit dem Theater Akzent.

Am »Theater Akzent« vorbei, stoßen wir schließlich auf den Sankt Elisabeth-Platz. Kinderlachen ist bereits von Weitem zu hören und leitet den Weg zu einem der schönsten Grätzel in Wieden. Um die Mittagszeit wird es laut und lebendig am Sankt Elisabeth-Platz, nämlich jedes Mal dann, wenn die Volksschüler aus der Elisabethschule, dem roten Backsteingebäude neben der neugotischen Staffelkirche St. Elisabeth strömen. Sie stürmen lauthals den Spielplatz. Die Damen auf den Parkbänken ringsum sind derweilen meist vertieft in Tratsch und Klatsch. Schon seit vielen Jahren lebe sie hier, erzählt eine Mutter. *»Ich schätze die ruhige, familiäre und kinderfreundliche Atmosphäre, die gute Verkehrsanbindung. Und die Innere Stadt ist mehr oder weniger gleich um die Ecke.«*

An der Ostseite der Kirche gibt es Obst- und Gemüsestände. Eine der Verkäuferinnen sortiert gerade ihre Produkte, grüßt zwei Bekannte im angrenzenden Markt-Kaffeehaus. Übersichtlich ist es hier, kleinteilig. Die gemütliche, freundliche Stimmung trägt zur guten Nachbarschaft bei. Dorfleben, Idylle mitten in Wien, nur wenige Meter entfernt vom Hauptbahnhof der Bundeshauptstadt.

Noch ein paar Minuten, dann läutet die Schulglocke und am Elisabeth-Platz wuselt es vor Kindern.

Zurück in der Argentinierstraße, befindet sich stadtauswärts, links an der Ecke Goldeggasse, das unter Denkmalschutz stehende Café Goldegg, ein Kaffeehaus mit Wiener Flair, das 1910 von der Wiener Familie Dobner gegründet wurde.

Wir biegen rechter Hand in die Weyringergasse ein und erreichen als Nächstes die Favoritenstraße.

Wandern oder mit dem »Drahtesel« – eine Erkundung der Wiener Grätzel braucht ruhige Fortbewegung und genügend Zeit zum Schauen.

**EXKURS: FAVORITENSTRASSE – STRASSE MIT GESCHICHTE**
Einst führte die Straße zum »Favorithen-Thor« des Linienwalls, der äußeren Befestigungsanlage Wiens.

Bereits seit dem Mittelalter galt sie als entscheidender Verbindungsweg nach Ungarn. Heute bildet die Favoritenstraße neben der Wiedner Hauptstraße die wichtigste Ausfallstraße des 4. Bezirks gen Süden. Die historischen Bauten entlang der Straße wissen viele Geschichten zu erzählen – allen voran das Theresianum: Die Privatschule mit Öffentlichkeitsrecht war einst Teil der Favorita, dem kaiserlichen Sommerschloss, bis ihr Schloss Schönbrunn den Rang ablief. Danach ging die barocke Residenz an den Orden der Jesuiten, die hier eine Schule errichteten. Das Bildungsambiente hielt sich bis heute: Nun befindet sich neben dem Gymnasium auch die Diplomatische Akademie Wien in dem Gebäude. Dort, wo heute das 1973 errichtete Gebäude des »Elektrotechnischen Instituts« der Technischen Universität in der Favoritenstraße 5 steht, befand sich von 1794 bis 1843 die Artilleriekaserne Wieden. Versteckt in einem Hinterhof auf Hausnummer 7, offenbart sich das einstige barocke Gartenpalais von Erzherzog Carl Ludwig. Dort liegen auch die Anfänge des Casinos Wien: 1961 wurde hier der Spielbetrieb eröffnet – allerdings nur für kurze Zeit, zu weit war das erste Casino vom Zentrum entfernt. 1968 übersiedelte es ins Palais Esterházy in der Kärntner Straße.

Zurück wieder zur Ecke der Favoritenstraße mit der Weyringergasse. Auf der gegenüberliegenden Straßenseite beginnt als Fortsetzung der Weyringergasse die Kolschitzkygasse, und dort an der Eckfassade thront die Skulptur eines legendären Mannes: Georg Franz Kolschitzky. Er soll der Erzählung nach 1683 das Kaffeetrinken in Wien eingeführt haben: Während der Türkenbelagerung führte er im Auftrag des Kaiserhauses waghalsige Spionage-Akte durch und forderte als Lohn nicht mehr, aber auch nicht weniger als einige Säcke Kaffee aus der Türkenbeute. Eine andere Version spricht davon, dass die Türken einen Teil ihres Kaffeevorrats einfach vergaßen, Kolschitzky sich diesen angeeignet und damit gleich auch ein Kaffeehaus eröffnet hätte. Jedenfalls hat er eine der wichtigsten Traditionen der Bundeshauptstadt begründet. Was wäre also Wien ohne eine gute Tasse Kaffee?

Seidenzuckerl, Krachmandeln und allerlei Süßes aus Gamal Boules Zuckerlgeschäft in der Favoritenstraße – einen Abstecher wert.

Wäre jetzt eine Pause vonnöten, könnte man links in die Favoritenstraße abbiegen und sich im Café Bistro 15 süße Minuten auf Nummer 45 stärken und anschließend schräg gegenüber, im Zuckerlgeschäft bei Gamal Boules, mit echten Seidenzuckerln oder Krachmandeln für den Rest der Grätzelwanderung eindecken. Vor der Kreuzung mit dem mehrspurigen, vom Verkehr arg gebeutelten Gürtel, am Ende der inneren Favoritenstraße, befindet sich der Südtiroler Platz, dessen Name darauf hinweist, dass hier ein wichtiger Verkehrsweg nach Süden verlaufen ist.

Es geht weiter die Kolschitzkygasse entlang, bis wir auf den Zugang des Alois-Drasche-Parks stoßen. Familiengerecht präsentiert sich der vor wenigen Jahren generalsanierte Grünbereich mit seinem prachtvollen Baumbestand und seinen nicht minder sehenswerten Bauten ringsum. Er ist ein Paradies nicht nur für Kinder, sondern für alle Altersgruppen. Ein kleiner Kletterpark, Schaukeln, Sandspielplatz, Fußballkäfig und viele Sitzgelegenheiten und Liegewiesen laden Jung und Alt ein. Wir verlassen den Park auf der gegenüberliegenden Seite und gehen ein kurzes Stück die Hauslabgasse entlang, bis wir an die Blechturmgasse stoßen.

> Diese Gasse, benannt nach einer historischen Flurbezeichnung aus 1862, bestand schon um 1700. Der Name leitete sich von einem Eckhaus ab, das seinerzeit einen blechernen Turm besaß. 1861 wurde Margareten von der Wieden getrennt und seitdem bildet die Blechturmgasse die Bezirksgrenze des 4. und 5. Bezirks.

Rechts abgebogen, geht es leicht abwärts zur Wiedner Hauptstraße, die sich vom Matzleinsdorfer Platz bis zum Karlsplatz zieht.

Durch die Wiedner Hauptstraße gelangten Fahrzeuge seit der Römerzeit vom Zentrum Wiens in den Süden. Darauf verweisen auch die Namen der angrenzenden Straßenzüge. Von der Kärntner Straße über die Wiedner Hauptstraße ging es zur Triester Straße und weiter nach Italien oder auf den Balkan.

Wir machen noch einen kurzen Abstecher nach links und besuchen zwei junge, ambitionierte Handwerksbetriebe. Zuerst die Schuhmacherei Wieselmann auf Nr. 83. Die wunderschöne Werkstatt wird von drei jungen Männern betrieben, allesamt

Eine mit viel Geschmack und Gespür eingerichtete Werkstatt – spiegelt sich auch in der Fertigung des edlen Schuhwerks wider.

wohnhaft in dem Grätzel und alle drei Schuhmacher. Neben kleineren Reparaturarbeiten legen sie den Schwerpunkt auf Fertigung von Schuhen nach Maß in reiner Handarbeit. Ab 2.000 Euro ist man dabei. Für diesen stolzen Preis hat man dann aber einen Schuh, der einen sein Leben lang begleitet.

Sanftes Ticken der Uhren, dann ein Klingeln, ein tiefer Gong und erneut ruhiges Ticken – Konzert in der Uhrenwerkstatt.

Gleich daneben haben sich Viviane und Daniel Schmollgruber-Nirschl mit ihrer Uhrenwerkstatt niedergelassen, in der sie auch restaurierte Uhren verkaufen. Alte Stand-, Pendel- und Armbanduhren sind Daniels Ding. Er liebt das Innen- und Außenleben von gebrauchten Uhren und befreit sie von ihren altersbedingten Wehwehchen. Im Geschäft gongt, klingelt und läutet es unentwegt. »Anfangs bezogen wir die Uhren von Flohmärkten, dann aber brachten uns auch immer mehr Kunden ihre Stücke zum Verkauf«, so Daniel. Es kam beispielsweise schon mal vor, dass ein Kunde dem Uhrmacherpaar ein Sammelsurium an Uhren überließ und es nach eingehender Prüfung herausfand, dass es sich bei einer davon um eine seltene Glashütte-Uhr handelte. Sie wurde dann dem Kunden zurückgegeben, der sie nun als eine Art Wertanlage für seine kleine Tochter aufbewahrt.

Einmal drinnen, möchte man gar nicht mehr raus – wunderschöne Textilien, edles Geschirr, feine Accessoires und Kuscheliges für die Kleinsten – »heimweh«

Bevor wir unseren Weg die Wiedner Hauptstraße stadteinwärts fortsetzen, machen wir noch Halt auf Nr. 81, beim heimweh

Elisabeth triumphierend mit den beiden an die Säule gefesselten Räubern im Schanigarten vor dem Café Wortner

von Sonja Ladstätter-Fussenegger und lassen uns inspirieren. Hier gibt es Textilien und Accessoires fürs Wohnen vom Feinsten. Auch was nicht von Ladstätter-Fussenegger selbst designt ist, stammt jedenfalls ebenso aus fairem Handel oder aus sozialen Werkstätten.

Es geht weiter stadteinwärts. Links und rechts der Straße gibt es viel zu sehen und immer wieder verleitet ein Haus, eine Fassade oder ein Portal zum Verweilen. Vor dem, seit 1880 bestehenden Café Wortner im Haus Nummer 55, auf der rechten Straßenseite, steht der Engelbrunnen, benannt nach seinem Stifter, Viktor von Engel. Dargestellt wird eine aus dem 15. Jahrhundert stammende Sage: Die Müllerstochter Elisabeth hatte damals den Räuber Hans Aufschwing und seinen Komplizen, den Wirt der Teufelsmühle, unschädlich gemacht. Der heute friedliche »Schanigarten« rund um den Brunnen ist ein gerne besuchter Platz der Bewohner des Grätzels.

Das Haushaltsgeschäft Zur Goldenen Kugel, links auf Nummer 42, kann auf ein bereits 164-jähriges Bestehen zurückblicken. Die Vielfalt des Warenangebots ist überwältigend. Alleine ein kurzer Streifzug durch das Geschäft genügt um festzustellen, dass beinahe alles, egal ob man etwas braucht oder dort erst entdeckt, dann aber unbedingt haben muss, in diesem Geschäft zu bekommen ist.

Der Tafelspitz, eines der wichtigsten Gerichte der Wiener Küche, hat seinen Ursprung im 19. Jahrhundert. Auf Nummer 36, in einem Haus, auf dem in großen Neonbuchstaben »INSTALLATIONEN« steht, bei der Herknerin, bekommt man diesen in besonders feiner Machart. Stefanie Herkner hat sich hier ihren Lebenstraum erfüllt und ein zeitgemäßes Wirtshaus eröffnet, in dem die Gäste die Wiener Speise-Klassiker in bester Qualität bekommen.

Für Brasilien-Fans und Liebhaber leichter, gesunder Küche bietet sich als Zwischendurch-Snack eine Tapioca-Flade süß oder pikant im Rio Gostoso an, Wiens erster Tapiocaria, unweit der »Herknerin« stadteinwärts.

Sollte man jetzt, während der langen Grätzelwanderung, oder aber auch früher schon einen Knopf verloren haben, dann macht man am besten Halt bei Alois Frimmel – Zum alten Knopfkönig auf Nummer 34. Es gibt kaum einen Knopf, den man dort nicht bekommt.

Wie viele werden es wohl sein? Knöpfe aus Perlmutt, Holz, Kokos, Horn, Metall, Glas oder Kunststoff – Wäscheknöpfe, Trachtenknöpfe und Manschettenknöpfe.

Den Reisenden auf dem Hauptverkehrsweg Wiedner Hauptstraße standen früher eine Reihe von Herbergen und Hotels zur Verfügung. Der tschechische Komponist Antonín Dvořák wurde oftmals im ehemaligen Hotel »Goldenes Lamm« (Haus Nummer 7), das heute als Wohn- und Geschäftshaus dient, empfangen. Eine Gedenktafel erinnert an den großen Künstler.

Gleich daneben befand sich das Hotel »Zur Stadt Ödenburg«, das in der zweiten Hälfte des 18. Jahrhunderts erbaut wurde. Vor beiden Unterkünften befanden sich Plätze für Stellwagen, mit denen es in die südlich von Wien gelegenen Dörfer, aber auch nach Ungarn, so etwa nach Sopron, zu Deutsch nach Ödenburg ging.

Große steinerne Figuren wachen über die Technische Universität Wien, Österreichs größte naturwissenschaftlich-technische Forschungs- und Bildungseinrichtung.

Wir nähern uns dem Ende der Wiedner Hauptstraße. An der Stelle, wo sich heute das 1988 errichtete neue Institutsgebäude der `Technischen Universität` befindet, stand im 18. Jahrhundert das damals größte Privatmiethaus Wiens, das Freihaus auf der Wieden mit rund 1.000 Bewohnern. Unter anderem gab es in diesem Komplex das »Freihaustheater«, an dem 1791 Mozarts Oper »Die Zauberflöte« uraufgeführt wurde. Später wurde der gesamte, in die Jahre gekommene Komplex abgerissen.

Vor dem `Freihaus` an der Wiedner Hauptstraße befand sich seit dem 18. Jahrhundert der Wiener Naschmarkt, der erst nur aus einigen kleinen Hütten bestand. In den 1790er-Jahren mussten dann Obst und Gemüse, das mit Wagen und nicht mit Flussschiffen nach Wien gebracht wurde, auf diesem Markt verkauft werden. Nach der Einwölbung des Wienflusses wurde der Markt auf das neu entstandene Areal verlegt, wo er sich bis heute befindet.

Rechts vor uns liegt der Resselpark, von hier aus erreicht man in ein paar Minuten Fußweg die U-Bahn-Linien 1, 2 und 4. Gleich in Sichtweite von der Technischen Universität befindet sich im Park das Café-Restaurant Resselpark. Vielleicht eine gute Gelegenheit, bei Kaffee und Apfelstrudel Geschichtliches über den Resselpark auf sich wirken zu lassen.

Wiener Apfelstrudel schmeckt immer, ob noch warm direkt aus dem Backofen serviert oder später nachträglich gewärmt.

Zu Lebzeiten hat Josef Ressel nie die Anerkennung bekommen, die er verdient hätte. Wohl hatten mehrere Erfinder ungefähr gleichzeitig Modelle der Schiffsturbine entwickelt, doch jene von Ressel war die erste funktionsfähige. Den Ruhm aber sahnten andere ab, weil Ressel nicht in der Lage war, sein Patent zu vermarkten und bekannt zu machen.

In Österreich gilt der in Böhmen 1793 geborene Ressel dennoch als einer der wichtigsten Erfinder des Landes und hat sein großes Denkmal vor der Technischen Universität im nach ihm benannten Park. Im Technischen Museum steht ein Modell des Versuchsschiffs »Civetta«, das von der von ihm erfundenen Schraube angetrieben wurde. Lange Jahre schaute er streng von der 500-Schilling-Banknote, bis der Euro ihn auch dieses Ruhms beraubte.

Nach dem Zweiten Weltkrieg war der Park ein Hotspot des Schleichhandels. Hier konnte man alles kaufen, was knapp oder verboten war. Heute ist der Park Flaniermeile zwischen U-Bahn-Station und Wien Museum und angenehmer Ort zum Ausruhen nach einer anstrengenden Grätzelwanderung.

Gestärkt durchqueren wir den Park, passieren den ovalen Teich und stehen vor der Karlskirche.

Im Resselpark lässt es sich gut flanieren, zum Beispiel hin zur barocken Karlskirche, wo man mit einem Panoramalift im Inneren der Kirche den Fresken an der Decke ganz nahe kommt.

Das in der ersten Hälfte des 18. Jahrhunderts erbaute Sakralgebäude steht unter Denkmalschutz. Es ist einer der bedeutendsten barocken Kirchenbauten nördlich der Alpen und eines der Wahrzeichen Wiens.

Wir gehen an der Westseite der Kirche vorbei bis zur Mattiellistraße. Dort wenden wir uns nach links und weiter, bis wir rechter Hand auf die Technikerstraße treffen. Die Straße führt entlang der Französischen Botschaft bis zum Schwarzenbergplatz, wo wir dann auch schon unseren Ausgangspunkt, den Hochstrahlbrunnen, erblicken.

# Unsere Lieblings-Spots im Grätzel:

### Restaurant Wohlleben
Hausgemachte Spätzle in verschiedenen Varianten, auch glutenfrei und vegan.
1040, Wohllebengasse 10
wohlleben.wien

### Theater Akzent
Das Theater mit drei Sälen versteht sich als Ort kultureller Begegnung, an dem die Auseinandersetzung mit Kunst und Kultur als wesentliche Bereicherung des Lebens gesehen wird. Vielfältiger und abwechslungsreicher Spielplan mit künstlerisch ansprechenden Produktionen aus dem In- und Ausland.
1040, Argentinierstraße 37
akzent.at

### Café Goldegg
Das unter Denkmalschutz stehende Café mit seinen klassischen Jugendstil-Elementen dient immer wieder als Kulisse für Filmaufnahmen. Ein Café mit Wiener Flair.
1040, Argentinierstraße 49
cafegoldegg.at

### 15 süße Minuten
Wer Eggs Benedict, French Toast oder Waffeln mag, sollte hier den Tag starten. Und zu Mittag sind die hausgemachten Pierogi sehr zu empfehlen.
1040, Favoritenstraße 45
15suesseminuten.at

### Süßwaren Gamal Boules
Unter anderem feine Seidenzuckerl, Krachmandeln und Schokolinsen
1040, Favoritenstraße 72

### Schuhmacherei Wieselmann
Rahmengenähte Maßschuhe in reiner Handarbeit, individuell und von höchster Qualität. Auch Reparaturen und viel Zubehör rund um den Schuh.
1050, Wiedner Hauptstraße 83
wieselmann.land

### Uhrenwerkstatt Viviane und Daniel Schmollgruber-Nirschl
Reparatur von Armband-, Stand- und Wanduhren.
1050, Wiedner Hauptstraße 83

### heimweh
Hochwertige Textilien, Dekorations- und Einrichtungsartikel.
1050, Wiedner Hauptstraße 81
facebook.com/heimwehwien

### Café Wortner
Café auf der Wieden.
1040, Wiedner Hauptstraße 55
wortner.at

### Zur Goldenen Kugel
Eisenwaren- und Haushaltsfachgeschäft mit Tradition. »Gibt's nicht«, gibt es hier nicht. Ob für Haus, Wohnung, Werkstatt oder Garten, das Sortiment ist wahrlich beeindruckend.
1040, Wiedner Hauptstraße 42
goldenekugel.at

### Zur Herknerin
Ein gemütliches Wirtshaus mit Wohnzimmer-Atmosphäre. Es gibt Wiener Klassiker und fast vergessene Gerichte wie Krautroulade und Quittenkompott.
1040, Wiedner Hauptstraße 36
zurherknerin.at

### Rio Gostoso
Brasilianisches Streetfood. Tapioca, ein glutenfreies Stärkemehl aus der Knolle der Maniokpflanze, kommt ursprünglich aus Süd- und Mittelamerika und ist Hauptbestandteil der köstlichen kleinen, fein gefüllten Fladen. Sehr zu empfehlen.
1040, Wiedner Hauptstraße 34
riogostoso.at

### Alois Frimmel Zum alten Knopfkönig
Ein wahres Paradies für Knopffreunde und Schneider. Unzählige Modelle in vielen Farben und Größen.
1040, Wiedner Hauptstraße 34
knopfkoenig.at

### Technische Universität Wien
Unter dem Motto »Technik für Menschen« wird an der Technischen Universität Wien seit mehr als 200 Jahren geforscht, gelehrt und gelernt.
1040, Karlsplatz 13
tuwien.ac.at

### Café-Restaurant Resselpark
Idyllisch mitten im Park, unweit der Karlskirche und zentral in Wien gelegen.
1040, Wiedner Hauptstraße 1
restaurant-resselpark.at

### Karlskirche
Sakraler Bau von Johann Bernhard Fischer von Erlach. Ein Panoramalift bringt Besucher den üppigen Kuppelfresken näher. Auf einer Plattformhöhe von 32,5 Metern hat man einen atemberaubenden Blick auf die farbenfrohen Fresken.
1040, Karlsplatz
karlskirche.at

Belvedere 21© Belvedere, Wien / Foto: Sandro Zanzinger

## 2. GRÄTZELTOUR

Neulinggasse ~ Ungargasse ~ Jacquingasse ~ Schweizergarten ~ Arsenal ~ Sonnwendviertel ~ Wien HBF ~ Columbusplatz

## 2. GRÄTZELTOUR

Neulinggasse ~ Ungargasse ~ Jacquingasse ~ Schweizergarten ~
Arsenal ~ Sonnwendviertel ~ Wien HBF ~ Columbusplatz

Reine Gehzeit: 1 Stunde 13 Minuten

Start der Wanderung, mit wohlgemerkt reiner Gehzeit von einer Stunde und dreizehn Minuten ohne jegliche Pausen, ist an der Ecke Neulinggasse/Salesianergasse. Gut zu erreichen mit dem Bus 4A vom Karlsplatz. Wir schlendern die Neulinggasse entlang, lassen die prächtige Architektur auf uns wirken und machen hie und da einen nicht geplanten Abstecher.

Die Neulinggasse zwischen Modenapark und Arenbergpark ist ein wahres Wohlfühl-Grätzel. Prächtige Gemeindebauten aus den 1930er-Jahren mit klaren, teils schlichten Fassaden reihen sich neben prachtvolle Palais und Bürgerhäuser mit ausladenden Balkonen. Geschäftiges Treiben auf den Straßen, pulsierendes Leben in den Parks und die Nähe zur Innenstadt schaffen eine ganz besondere Atmosphäre. Viele Botschaften und Konsulate haben sich hier angesiedelt, was der Gegend eine internationale Ausstrahlung verleiht. Die beiden Parks bilden kleine Naturinseln inmitten der städtischen Struktur und sind einen Besuch wert.

Den heutigen Namen erhielt die Gasse, die seinerzeitig Grasweg, dann Grasgasse hieß, im Jahr 1862 nach Vinzenz Neuling (1795–1846). Dieser Gastwirt und Bierbrauer erbte von seinem Vater, einem wohlhabenden Juwelier, mehrere Besitztümer in der damals noch dörflichen Gegend. Seinen Wohlstand verwendete er zur Förderung von Kultur und zur Unterstützung armer Menschen. Er veranstaltete Hauskonzerte, eröffnete ein Theater und war Wohltäter, unter anderem für zahlreiche Obdachlose nach der großen Überschwemmung, dem Donauhochwasser von 1830.

Das tragische Intermezzo des Nationalsozialismus bescherte der Gasse vorübergehend einen weiteren Namen. Weil die Neulings jüdischer Abstammung waren, wurde die Gasse zur Schredtgasse umbenannt, was 1945 schließlich wieder korrigiert wurde.

Gleich am Beginn unseres Spaziergangs entlang der Neulinggasse, an der Ecke zum Modenapark , stößt man auf den geschichtlich und architektonisch interessanten »Alice und Heinrich Scheuer-Hof«. In der Zwischenkriegszeit vom Schweizer Architekten Armand Weiser erbaut, gilt der Hof noch heute als Vorzeige-Wohnhausanlage. Das Gebäude wurde auf dem ehemaligen Grundstück des »Palais Salm-Vetsera« errichtet, in dem damals Helene Baronin Vetsera und ihre Tochter Mary Vetsera, deren tragisches Schicksal viele Menschen bis heute beschäftigt, wohnten.

Das Haus zeichnet sich durch langgezogene Balkone und eine verglaste Veranda im Zentrum der Fassade zur Neulinggasse hin aus und verfügt über Rundbalkone an der Ecke zum Modenapark. Im Sommer 2008 wurde die Wohnhausanlage in »Alice und Heinrich Scheuer-Hof« unbenannt. Der Journalist Heinrich Scheuer und seine Frau hatten viele Jahre, bis zu ihrer Deportation nach Minsk im Jahre 1942, in der Wohnhausanlage gelebt. Mit der Umbenennung wurde ein sichtbares Zeichen der Erinnerung an die Opfer des Nationalsozialismus gesetzt.

## Italienisch-mondäner Name – der Modenapark

Treten wir also ein, in den Modenapark. Die etwa 8.000 Quadratmeter große Parkanlage wurde im Jahr 1700 als Ziergarten angelegt. Nach einigen Besitzerwechseln kaufte sie Erzherzogin Beatrix d'Este von Modena (1750–1829), die hier ein inzwischen längst abgerissenes Palais besaß. Ihr verdankt der Park also den italienisch-mondänen Namen »Modena«. Rund um den Park, vor allem an der Ostseite, gibt es privat errichtete

Reich strukturierte Fassaden mit Vorsprüngen, kleinen Erkern und Balkonen mit schmiedeeisernen Geländern.

Bauten aus der Zwischenkriegszeit. Das ist eine Seltenheit aus einer Ära, in der die Kommune – Stichwort »Rotes Wien« – großflächig baute, um die herrschende Wohnungsnot zu mildern.

In der Mitte des Parks steht die von Josef Müllner geschaffene Skulpturengruppe »Knabe mit Panthern« oder Scherzogruppe. Die Bronzefiguren haben ein wechselvolles Schicksal hinter sich und können jetzt, hundert Jahre nach ihrer ersten Aufstellung hoffen, endlich ein ruhiges Plätzchen gefunden zu haben. Die Gruppe stand ursprünglich im Arenbergpark, einer der nächsten Stationen unseres Spaziergangs, wurde jedoch 1929 gestohlen, vermutlich, um in der damaligen Depression das Rohmaterial anderen Zwecken zuzuführen. Die von der Gemeinde Wien ersetzte Skulptur wurde von der nationalsozialistischen Verwaltung 1942 aus dem Park entfernt und auf der Rampe des Schwarzenbergplatzes aufgestellt. »Scherzo«, in der Musik ein zumeist schnell-bewegtes, heiteres und lebendiges Stück, wurde ja damals wirklich nicht gespielt. Schließlich kam die Skulptur 1948 in den Modenapark, wo der Jüngling jetzt auf Dauer mit seinen Panthern spielen darf.

Wir aber schlendern weiter. Vorbei an schönen Häuserfassaden und kleinen Geschäften stoßen wir auf die `Ungargasse`, die sich links bis zur Invalidenstraße und rechts bis zum Rennweg erstreckt. Gleich rechts von unserem Weg, etwa 150 Meter von der Ecke Neulinggasse entfernt, auf Ungargasse 55, befindet sich ein kleines Geschäft namens `Papier Flieger`. Wer Papier und Design liebt, ist hier genau richtig. Seit vier Jahren betreibt Katerina Widauer ihre originelle Papeterie. Von feinen Papierwaren aller Art, Schul- und Büroartikel bis hin zu Duftkerzen und Originellem für Küche und Tisch führt sie ein buntes Sortiment.

Für Papier-Begeisterte ist die Papeterie in der Ungargasse ein wahres Paradies.

Und wir erweitern unsere Grätzelwanderung gleich noch um ein paar Meter. Ein besonders günstiges Unterfangen, wenn es um die Mittagszeit ist und der Magen schon knurrt. Denn bevor wir weiter zum Arenbergpark spazieren, gehen wir die Ungargasse in die entgegengesetzte Richtung bis auf Höhe 43 und machen links einen Abstecher in die schöne Posthorngasse. Dort erschallt zwar kein Horn mehr und auch der Postmann klingelt selten zweimal, weil das Gässchen nur sehr kurz ist. Aber hier residiert auf Hausnummer 6 die Labe-Station Winklers Zum Posthorn. Wo früher die »Frau Steffi« das Koch- und Wirtszepter schwang, war auch Helmut Qualtinger gerne zugegen, und das oft bis in die frühen Morgenstunden, oder Friedensreich Hundertwasser und viele andere Genussmenschen.

Ins »Winklers Zum Posthorn« gingen auch Helmut Qualtinger und Friedensreich Hundertwasser gerne.

Herr Winkler, der jetzt amtierende Wirt, ist am Modenapark aufgewachsen, lebt seit vierzig Jahren hier und hat schon vor einiger Zeit die Gastwirtschaft übernommen. Der Park hat seine Jugend begleitet, weil er dort vermutlich jeden Tag dem Fußball nachlief. Die Matches der Parkmannschaften in den »Käfigen« waren legendär. Wenn die Modenaparkler auf die Gymnasiasten der Stubenbastei trafen, die ihren Platz im Stadtpark hatten, ging es nicht immer nur fair zu. Herr Winkler aber ist über jeden Verdacht erhaben, er ist heute ein honoriger Wirt, der sein Grätzel liebt wie die Grätzel-Bewohner sein Wirtshaus. »*Wo kann man besser leben als hier?«*, fragt er, und es ist klar, dass er das nicht nur rein rhetorisch meint. *»Unser Grätzel ist toll und es hat einfach alles«.* Im »Winklers Zum Posthorn« gibt es einen wichtigen Teil von diesem »allen«, von dem der Wirt so schwärmt, nämlich traditionelle Wiener Küche wie etwa Rindsuppe mit Leberknödeln oder Frittaten, eine feine Rübensuppe mit Krennockerl oder *»darf's ein Tafelspitzsülzchen sein«*. Auch für den kleinen Hunger gibt es Abhilfe: Schweinsbratenbrot mit Pfefferoni und Kren, geröstete Knödel mit Ei und einen knackigen Blattsalat dazu. Oder was sagen Sie zu Zwiebelrostbraten mit Braterdäpfel und Fächergurkerl? Allein die Speisekarte zu lesen, ist ein Genuss und die Speisen halten das, was sie in aller Ausführlichkeit verspricht.

Der nach dem Essen angesagte Spaziergang in der Neulinggasse, vorbei an Gassenlokalen und Geschäften, führt uns weiter zum zweiten großen Park des Grätzels, den Arenbergpark.

Urban gardening: Die Natur zu Besuch in der Stadt – garteln nach Lust und Laune für Anrainer, Schüler und Kindergartenkinder.

Doch kurz davor, auf der linken Seite, geht es zum Sebastianplatz, dessen Gebäude, insbesondere die prachtvollen Fassaden eines Blickes zu würdigen sind. Gleich so auf der anderen Seite,

am Dannebergplatz, der mehr eine Straße denn ein Platz ist. Der Platz wurde 1906 ursprünglich als Zufahrt zu westlich und südlich des Arenbergparks neu errichteten Häusern als »Arenbergring« eröffnet und 1949 nach dem im KZ Auschwitz ermordeten sozialdemokratischen Politiker Robert Danneberg, der in der Reisnerstraße im 3. Bezirk gewohnt hat, benannt. Der Dannebergplatz umgibt im Süden und Westen den 1900 bzw. 1907 eröffneten Arenbergpark in Form einer Straße.

## Arenbergpark: Zentrum und Treffpunkt in der Neulinggasse

Starke Natur in der Posthorngasse: Baumhäuser einmal anders – und etwas schwerer zu erklimmen.

Der Arenbergpark, umringt von Wohnhäusern mit wunderschönen Fassaden, ist Zentrum und Treffpunkt in der Neulinggasse und hat alles, was ein Wiener Park und seine Besucher benötigen – vielleicht sogar noch ein bisserl mehr: viel Grün, ausreichend Wege zum Flanieren, einen großen Spielplatz für die Kleinen, einen Fußballkäfig, Liegewiesen, ein kleines Kaffeehaus für die Großen, Zonen für Hunde und ihre Besitzer – und auch die Hobbygärtner kommen mit dem im Park liegenden Nachbarschaftsgarten auf ihre Rechnung. Im Sommer mischt sich in das Gezwitscher von Vögeln Kinderlachen, es riecht nach Sonne und Natur. Hier ist immer etwas los, im Schatten der Bäume wird gejausnet, geplaudert und gelacht. Und auf einer offenen, frei zugänglichen Fläche garteln die Anrainer, Schüler und Kindergartenkinder der Umgebung zur eigenen Freude und zu jener der vorbeikommenden Parkbesucher.

Monumentale Warnung vor einer dunklen Zeit – Blick durch die Häuserflucht zu einem der Flaktürme.

Die Geschichte des Arenbergparks ist von adeligen Namen geprägt. Nikolaus Fürst Esterházy hat ihn im Jahr 1785 beim früheren Esterházy-Palais errichten lassen. Dieses Palais an der Landstraßer Hauptstraße wurde im Jahr 1958 Opfer der Stadtgestaltung. Es wurde abgetragen, um einen Durchstich für die Neulinggasse zu schaffen. 1810 wurde der Park von Erzherzog Carl erworben. Er galt bei seinen Zeitgenossen als großer Held, hatte er doch 1809 den zu diesem Zeitpunkt noch unbesiegbar geglaubten Napoleon in der Schlacht bei Aspern zumindest einmal zurückdrängen können. Heinrich von Kleist widmete Erzherzog Carl schwülstige Verse wie »Überwinder des Unüberwindlichen«, und heute noch steht seine Statue neben Prinz Eugen auf dem Heldenplatz. Doch zurück zum Park. Der ging später an eine Prinzessin aus dem Adelshaus Arenberg, die ihn im Jahr 1900 an die Gemeinde Wien verkaufte. Der Adel verschwand von der Bildfläche des Parks, der Name blieb erhalten.

Im Jahr 1940 wurden im Arenbergpark zwei der insgesamt sechs Wiener Flaktürme errichtet. Sie sollten helfen, feindliche Flieger abzuwehren. In einer Historie über die Flaktürme kann man nachlesen, dass die beiden hier den Codenamen »Baldrian«

trugen. Viel mehr als eine minimale, nervliche Beruhigung hatten sie, wie wir wissen, tatsächlich nicht zu bieten. So stehen sie heute im Park als monumentale Mahnung vor einer dunklen Zeit. Einer von ihnen dient als Lager für das Museum für angewandte Kunst (MAK), in dem Gegenwartskunst gespeichert ist. Hier werden auch Kunstaktionen unter dem Motto »CAT – Contemporary Art Tower« veranstaltet, anlässlich derer der Turm für das Publikum offen steht.

Noch heute kann man ein Relikt aus der seinerzeitigen Gartengestaltung des Schlossparks sehen. Es ist ein kleiner barocker Pavillon direkt an der Neulinggasse, der in der warmen Jahreszeit als Kaffeehaus mit Schanigarten genutzt wird. Diese Art von mobilen Outdoor-Locations wurde angeblich in der ersten Hälfte des 19. Jahrhunderts eingeführt. Der Name »Schanigarten« soll von einem Piccolo stammen, der die Tische und Sessel bei Schönwetter aus dem Kaffeehaus zu tragen hatte. Er hieß Hans, oder wie der Wiener sagt »Schani«, und ihm wurde vom Prinzipal befohlen: »Schani, trag' den Garten raus«. Wenn es nicht stimmen sollte, so ist es doch schön erfunden, wie so viele kleine Geschichten aus dem großen Wien.

Beim kleinen Kaffeehaus im barocken Pavillon hat der Schani bereits den Garten herausgetragen.

Eine gute Gelegenheit, um eine Pause zu machen und die Umgebung auf sich wirken zu lassen. Das Kaffeehaus ist ein ganz reizender und unprätentiöser Treffpunkt für Eltern mit Kindern, Pensionisten und Anrainer. Hier wird, nachdem der Garten hinausgetragen wurde, bescheiden einfach, aber schmackhaft aufgetischt. Wo sonst bekommt man heute noch »Sauermilch gespritzt« oder dicke Butterbrote? Unbedingt probieren sollte man den tagesaktuellen Kuchen. Es herrscht absolute Wohlfühlstimmung.

Der Park bietet aber generell, jenseits der Geschichte von Adeligen und Kriegshelden spielenden Kindern, Ruhebedürftigen und Sonnenanbetern, Joggern und Hundefreunden, einen angenehmen Platz zur Entfaltung. Man könnte nicht besser in den Tag starten, den Sonntagmorgen genießen oder einfach eine Ruhepause zwischen Arbeit oder einer Grätzelwanderung einlegen. Wenige Schritte jenseits des Pavillons sitzen ein paar ältere Damen, die sich zur gemütlichen Jause im Park getroffen haben. Hier trifft man sich, kommt leicht ins Gespräch und tauscht die neuesten Nachrichten aus. *»Entschuldigen Sie, ist noch ein Platzerl frei?«*, fragen wir eine der älteren Damen. Und alle nicken bejahend. Seit gut 30 Jahren kommen sie hierher in den Park. *»Es ist ein feines Grätzel«*, sagt eine mit Überzeugung und die anderen Damen stimmen ihr heftig nickend zu.

*»Entschuldigen Sie, ist noch ein Platzerl frei?«*

Nach der Pause im Park gehen wir die Neulinggasse zurück, bis wir wieder auf die Ungargasse stoßen, um gleich links in diese abzubiegen.

## Ungargasse

Die heutige Ungargasse war in der Römerzeit eine Verbindungsstraße vom Militärlager Vindobona zur Stadt. Später hatte sie Bedeutung für ungarische Kaufleute und Viehhändler, die auf ihrem Weg nach Wien hier durchkamen. Der schon im 15. Jahrhundert dokumentierte Name der Gasse war denn auch Hungargasse, nach dem lateinischen Wort »Hungaria« für Ungarn. Die große Literatin Ingeborg Bachmann ließ einen Teil ihres 1971 veröffentlichten Romans »Malina« in der Ungargasse spielen. Sowohl der im ersten Kapitel auftretende Ivan, ein ungarischer Finanzkaufmann, als auch die Ich-Erzählerin leben hier.

Auf Ungargasse 63 passieren wir das Gasthaus Seidl . Einfache Küche mit hoher Qualität der Zutaten und das schon seit 17 Jahren, so ist es auf der Website zu lesen. Doch das ist nicht alles. Denn wenn man Schwammerlgerichte liebt, ist man hier genau richtig. Züchtet doch der Chef persönlich rund 15 Meter unter seinem Lokal Kräuter-, Austern- und Flamingoseitlinge. Und ein Teil der Ernte kommt sofort in die Küche und wird zu feinen Gerichten verarbeitet. Der Rest wird eingelegt, zu feinen Sugos, Salzen und weiteren Köstlichkeiten verarbeitet.

Wir schlendern weiter die Ungargasse entlang und vergessen nicht, nach oben zu schauen. Bei Nummer 59–61, einer auffällig grünschillernden Fassade, bleiben wir stehen. Es handelt sich um das in Architekturführern erwähnte Haus Portois & Fix . Es wurde 1901 nach Entwürfen des Architekten Max Fabiani als Wohn- und Geschäftshaus errichtet und diente ursprünglich »Portois & Fix«, die sich für Möbelherstellung und Innenausstattung auszeichneten, als Unternehmenssitz. Anfangs war die zweigeschoßige Sockelzone mit schwedischem Granit verkleidet. Die darüberliegenden Obergeschoße sind nach wie vor mit Fliesen in zwei Grüntönen zu einem flächigen Muster komponiert. Prominenter Bewohner des Hauses war der Kabarettist Karl Farkas.

Beeindruckende grünschillernde Fassade des von Max Fabiani errichteten Wohn- und Geschäftshauses in der Ungargasse.

Auf Nummer 60–62 befand sich ehemals die Reithalle des Militär-Reitlehrer-Instituts (1850–1918). Von 1918–1921 fand hier das »Eos Lichtspieltheater« seinen Platz. Das historische Stiegenhaus ist heute in das »Imperial Riding School Renaissance Hotel« integriert.

Linker Hand auf 67–69, mitten im Gebäudekomplex des Schulzentrums Ungargasse, sieht man noch ein Überbleibsel des einstigen »Gartenpalais Harrach«. Das im Zweiten Weltkrieg schwer beschädigte Palais wurde 1968 mit Ausnahme der Kapelle und einem kleineren Nebengebäude abgetragen.

Das letzte, weniger attraktive Stück bis zum Rennweg muss überwunden werden. Der Rennweg ist eine stark befahrene, rund 2,6 Kilometer lange Straße, die sich vom Schwarzenbergplatz bis Simmering erstreckt. Ab dort wird sie zur Simmeringer Hauptstraße und führt direttissima zum Zentralfriedhof.

Kaum zu glauben, dass sich einst zu beiden Seiten Weingärten erstreckten, allerdings ist das schon eine Weile her – das war im 14. Jahrhundert. Wir aber queren den Rennweg, gehen rechts, um sogleich links in die Jacquingasse abzubiegen.

Die entlang des Botanischen Gartens verlaufende Gasse ist nach einem seiner früheren Direktoren, dem Botaniker und Chemiker Nikolaus Joseph von Jacquin benannt. Der aus Holland stammende Forscher bereiste in jungen Jahren Westindien und brachte von dort eine Reihe von exotischen Pflanzen mit. Im Belvedere gibt es ein Bild von Johann Knapp mit dem Titel »Huldigung an Jacquin«, auf welchem diese Pflanzen in botanisch exakter Weise dargestellt sind.

Wir machen einen kurzen, vielleicht auch längeren Abstecher und gehen durch das Jacquintor in eine der prachtvollsten Oasen Wiens, den Botanischen Garten. Gärtner glauben sich im

siebten Himmel, aber auch alle anderen Besucher werden dem frei zugänglichen Areal von rund 8 Hektar mit rund 11.500 Pflanzenarten bestimmt etwas abgewinnen können. Und sei es nur, um die Stille mitten in der Stadt zu genießen. Wobei, ganz so still ist es nicht, leben doch viele Vogel- und Insektenarten hier. Bei so zahlreichen Pflanzen gibt es immer etwas zu entdecken: pannonische Steppengebiete, den kleinsten Wiener Weinberg, seltene Blumen und Sträucher, einen sehr beeindruckenden begehbaren Bambushain, das Tropenhaus und seltene Orchideen. Ab 10.30 Uhr ist der Garten täglich geöffnet, außer bei Schlechtwetter. Hunde haben leider keinen Zutritt.

Der Botanische Garten, 1754 von Kaiserin Maria Theresia gegründet, ist ein wissenschaftlicher Garten, der für die Öffentlichkeit frei zugänglich ist. Wie andere Botanische Gärten in Europa wurde auch dieser ursprünglich als Hortus Medicus angelegt, um den Studierenden der Medizin eine praktisch orientierte pflanzenkundliche Ausbildung zu ermöglichen.

Ein jährlich wiederkehrendes Großereignis ist die Mitte April von Freitag bis Sonntag stattfindende Raritätenbörse. Ob des starken Andrangs wird seit ein paar Jahren Eintritt eingehoben. An diesen Tagen können Gartenfreunde Pflanzenraritäten abseits des Massensortiments erwerben.

Wir verlassen den Botanischen Garten wieder über das Jacquintor und schlendern die Mauer entlang, nicht ohne die gegenüberliegende Häuserzeile auf uns wirken zu lassen. Eine wunderschöne Gasse, eine Fassade schöner als die andere. Die Bewohner dieser Häuser haben bereits vom 1. Stockwerk aus einen wunderschönen Ausblick in den hinter der Mauer liegenden, prachtvollen Botanischen Garten. Gegenüber der Mauer, auf der Seite des Hauses mit der Nummer 37, sehen wir ein mit Glasmosaik verkleidetes »Relief« (1958/59) des Künstlers Wander Bertoni.

**EXKURS WANDER BERTONI:**
Im Burgenland, in Winden am See, befindet sich der Wohn- und Arbeitssitz des Doyens der österreichischen Bildhauer. Auf einem großen Grundstück stehen rund 500 Skulpturen, die Besucher im Herumgehen entdecken können. Ein besonderes Highlight ist das von Wander Bertonis Frau kuratierte »Eier-Museum« in einem prächtigen, architektonisch beachtenswerten Gebäude.

Wir wechseln wieder die Straßenseite und stehen vor Nummer 8–10. Es ist die von Michael Rosenauer erbaute und 1926 fertiggestellte Stadtvilla für Richard Strauss. Sie war ein Geschenk der Gemeinde Wien für den Komponisten und ist heute Botschaftsresidenz der Niederlande. Ein paar Meter weiter, links auf Nummer 49, wohnte bis 1938 das Industriellenehepaar Rosa und Alfred Kraus. Alfred war der Bruder von Karl Kraus, dem Sprach- und Kulturkritiker, Satiriker, Publizisten und Schriftsteller.

Wir verlassen die schöne Jacquingasse, überqueren den Gürtel und betreten den Schweizergarten.

In der Mitte des 19. Jahrhunderts wurden die als Verteidigungsbauwerk funktionslos gewordenen Stadtmauern geschliffen. Die Prachtbauten der Ringstraße und jene auf den großen, aus der Stadt hinausführenden Verkehrswegen entstanden. Um 1890 fiel dann auch die zweite frühere Verteidigungslinie, der Linienwall. Die Vororte Wiens wurden eingemeindet und es entstand Platz, nicht nur für Wohnhäuser, sondern auch für Parkanlagen. So wurde 1904 eine große Grünfläche zwischen dem ehemali-

gen Südbahnhof und dem Arsenal, der Maria-Josefa-Park angelegt. Nach Ende des Ersten Weltkriegs wurde das notleidende Wien durch Hilfsaktionen aus der Schweiz unterstützt, was die Stadt symbolisch mit der Umbenennung des Geländes in Schweizergarten bedankte. Der von Karl Schwanzer für die Weltausstellung in Brüssel 1958 gebaute Österreich-Pavillon fand später seinen Platz in diesem Park. Er wurde als Museum für zeitgenössische Kunst unter dem Namen »Zwanz'ger Haus« genutzt. Das Haus verlor nach der Eröffnung des MuseumsQuartiers zunehmend an Bedeutung und drohte zu verfallen. Darauf erhielt der Architekt Adolf Krischanitz, einst Schüler bei Karl Schwanzer, den Auftrag, das Gebäude, das als Paradestück moderner österreichischer Architektur gilt, zu renovieren. Es wurde später auf »21er Haus« und schließlich Anfang des Jahres 2018 zu Belvedere 21 umfirmiert, um die inhaltliche und organisatorische Nähe zum Belvedere zu dokumentieren.

Ein Lichtpalast für die Kunst – ein Platz zum kontemplativen Verweilen und zur Wahrnehmung der Kunst und der Architektur.

## Grün, grün, grün ... der Schweizergarten

Die Vögel zwitschern, Wasser plätschert gurgelnd über Fels und Stein und der bunte Teppich des Rosariums erfreut das Erholung suchende Auge. Wäre da nicht der Straßenlärm von Wiedner und Landstraßer Gürtel, der dumpf, aber stetig den Ton im Hintergrund angibt, man würde sich mitten im Paradies wähnen.

Der Schweizergarten hat alles, was ein Wiener Park benötigt: Viel Grün, ausreichend Wege zum Flanieren, Spielplatz für die Kleinen, Gasthaus für die Großen, Zonen für die Hunde und ihre Besitzer, große Teiche mit Felspartien und Fontänen, Wasserspiele – selbst die Jugend kommt mit einer eigenen Sportanlage auf ihre Kosten. Und dann noch das Familienbad. Modernisiert, mit einer zusätzlichen schattigen Liegewiese und einem barrierefreien Toiletten- und Duschbereich, steht es wegen der geringen Wassertiefe speziell Kindern zur Abkühlung an heißen Sommertagen zur Verfügung.

**EXKURS FAMILIENBÄDER, DIE FRÜHEREN KINDERFREIBÄDER**
Vor vielen Jahren gab es in Wien rund 40 Kinderfreibäder im verbauten Stadtgebiet. In diesen Bädern trafen sich Kinder aller sozialen Schichten und mussten keinen Eintritt bezahlen. Durch die Attraktivität großer Bäder wurde es in den 1980er- und 90er-Jahren ruhig in den Kinderfreibädern. Viele waren baufällig und wurden daraufhin geschlossen. Zehn solcher Bäder konnten sich halten, darunter das im Schweizergarten und ein elftes Bad wurde zuletzt im 5. Bezirk, im Einsiedlerpark eröffnet. Kinder bezahlen wie schon bisher nichts. Nur die erwachsenen Begleitpersonen entrichten ein geringes Eintrittsgeld. Für Jugendliche ab 15 Jahren sowie Erwachsene ohne Kinderbegleitung ist der Zutritt aber untersagt.

Wir machen eine Pause in der grünen Mark – der Steiermark. Denn die findet man im Schweizergarten auch. Das Lokal Klein Steiermark macht seinem Namen alle Ehre: Almhütte mit Kachelöfen, charmanter Gastgarten, solide Küche mit steirischen und saisonalen Spezialitäten, rustikales Ambiente inklusive. Vielleicht ein Wiener Schnitzel oder doch lieber Wurzelfleisch mit

Kren? Gut gesättigt machen wir noch einen Abstecher zur Kunst. Wir biegen nach dem Verlassen des Lokals links und gleich nochmals links ab und durchqueren den Park, bis wir auf ein großes Gebäude stoßen. Der Eingang ins Museum befindet sich in der Arsenalstraße 1.

Belvedere 21 © Belvedere, Wien / Foto: Lukas Schaller

## Belvedere 21
## Das Museum für zeitgenössische Kunst in neuem Gewand.

Hell ist es im Belvedere 21, ehemals »21er Haus«. Die Farbe Rot ist unverkennbar Programm und 21 die magische Zahl – auch wenn ihre Bedeutung kein Mysterium darstellt: 1962 als Museum für die Kunst des 20. Jahrhunderts in Wien eröffnet, kam auch der ehemalige Österreich-Pavillon der Weltausstellung 1958 in der Zukunft an und stieg zum 21. Jahrhundert auf. Saniert und mit neuem Profil präsentiert sich das Architekturjuwel, seit November 2011 unter der Leitung des Belvedere, als Plattform für die österreichische Kunst von der Nachkriegsmoderne bis in die Gegenwart.

Respektvoll gegenüber Urheber und Ort inszenierte Adolf Krischanitz vor allem den Innenraum neu und schuf durch die monumentale Mittelhalle ein einzigartiges Raumerlebnis. Die Fassade des sechsgeschoßigen Neubaus fügt sich der Hülle des Ursprungsbaus. Altes wie neues Haus bieten Platz – nicht nur für die Sammlungen des Hauses, unter anderem mit Arbeiten von Arnulf Rainer, Christian Ludwig Attersee oder Elke Krystufek, sondern auch für aktuelle Ausstellungen.

Nahezu zum Inventar seit Anbeginn des Museums gehört Fritz Wotruba. Der Wiener Künstler wurde damals mit der Gestaltung eines monumentalen Figurenreliefs beauftragt, das als Markstein vor dem Gebäude beim Schweizergarten aufgestellt wurde. Seitdem lebt der Geist Wotrubas im »Belvedere 21«. Mit der Neugestaltung findet der Künstler nun auch einen sichtbaren Platz: Die Fritz Wotruba-Privatstiftung und die Fritz Wotruba-Werknutzungsgesellschaft stellen dem Belvedere den künstlerischen Nachlass Fritz Wotrubas als Leihgabe zur Verfügung. Unter der starken Dachmarke des Belvedere wurde das Haus als lebendiger Kunstraum und als Treffpunkt in einem urbanen Zukunftsgebiet positioniert.

Unser Weg führt uns wieder zurück zum »Klein Steiermark«, denn von dort aus ist es einfach, unsere nächste Grätzel-Station, das Arsenal zu erreichen. Einfach das Lokal rechts liegen lassen und geradeaus durchs gegenüberliegende Tor hindurch.

# Wohn- und Arbeitsviertel

Außen ein eigenwilliger Backsteinbau, innen ein gefragtes Wohn- und Arbeitsviertel. Das Areal des Arsenal Wien ist ein beliebtes Grätzel im Süden Wiens. Mitarbeiter der im Objekt 15 situierten »Abteilung für Konservierung und Restaurierung« des Bundesdenkmalamts plaudern mit uns über ihre Erfahrungen mit dem charmanten Areal. Auf den ersten Blick wirkt der rostrote Backsteinbau am Eingang zum Arsenal Wien befremdlich: eine Mischung aus mittelalterlicher Festung mit byzantinischem Dekor und maurischen Fassadenspielereien. Beim Anblick glaubt man sich in eine frühere Epoche versetzt. Das Gebäude zwischen Ghegastraße und Lilienthalgasse im 3. Wiener Gemeindebezirk mutet wie ein Märchenschloss an, wäre da nicht die Geschichte des gesamten Komplexes am äußeren Landstraßer Gürtel. Als Reaktion auf die Märzrevolution 1848 zum Schutz gegen die Feinde in der eigenen Bevölkerung errichtet, war das Arsenal bis nach Ende des Zweiten Weltkriegs eine militärische Zentrale. Kein Wunder also, dass sich ausgerechnet hier das Heeresgeschichtliche Museum befindet. Äußerlich erinnert aber nur mehr wenig an diese Vergangenheit. Zwischen den herrschaftlichen Backsteinmauern stehen in und vor den Arkaden des »Einser-Hauses«, dem Objekt 1, noch ein paar Kanonen und Panzer – sie sollen über kurz oder lang Wohn- und Bürokomplexen weichen. Auch hält das Österreichische Bundesheer noch eine Kaserne hier, wie der eine oder andere khakifarbene LKW, der übers Gelände rauscht, belegt. Aber Kinderspielplätze, Tennis-Courts und jede Menge

*»Es gibt hier auch noch Nahversorger im Einser-Haus. Da bekommt man dann ein Semmerl oder so. Natürlich sind die Preise etwas höher als im Supermarkt und auch die Auswahl ist nicht besonders groß. Dafür erfährt man den einen oder anderen Tratsch und Klatsch.«*

Das Arsenal, heute friedlicher Ort mit Wohnungen, Büros und Gewerbebetrieben inmitten ausladender Grünflächen.

Grünflächen brechen von innen heraus das alte Image des Arsenals. Heute tummeln sich hier junge Familien mit Kindern, Menschen mit Hunden, Läufer und Radler, die das Areal aus seinem Dornröschenschlaf holen und Leben in die romantisch-historische Gebäudelandschaft bringen.

Längst hat sich das Arsenal zum beliebten Wohn- und Arbeitsviertel entwickelt. Johannes Nigisch kennt das Grätzel gut. Er ist nicht nur Bewohner des Arsenals, sondern auch Mitarbeiter der »Abteilung für Konservierung und Restaurierung« des Bundesdenkmalamts, das seit über 50 Jahren im Objekt 15 angesiedelt ist. »*Ich hatte hier schon gearbeitet, als ich auf Wohnungssuche war*«, so der Experte für Holz, Bildhauerei und Metall. »*Und da hat es sich hier im Arsenal irgendwie ergeben.*« Die Nähe zur Arbeit störe ihn nicht. »*Ich mache oft den Scherz: Heute war wieder ein fürchterlicher Stau in die Arbeit*«, albert er. Natürlich nutze er das Areal für die Freizeit, zum Laufen oder für einen Spaziergang. Der Kollege von der Stein-Restauration, Hans Nimmrichter, nutzt ebenfalls das Angebot im Arsenal: »*Es gibt hier auch noch*

*Nahversorger im Einser-Haus. Da bekommt man dann ein Semmerl oder so. Natürlich sind die Preise etwas höher als im Supermarkt und auch die Auswahl ist nicht besonders groß. Dafür erfährt man den einen oder anderen Tratsch und Klatsch.«* Es gibt auch einen Arzt und einen Friseur beim Haupteingang. Traditionell gutbürgerlich essen kann man hier auch, in der »Arsenalstuben«.

Gut essen kann man auch in der Kantine von ART for ART . In den Dekorations- und Kulissenwerkstätten des Alleinausstatters der Österreichischen Bundestheater wird auf einer Fläche von 15.000 Quadratmetern an Bühnenbildern, technischen Spezialeffekten für das Theater und den perfekten Illusionen für verschiedene Shows getüftelt. Die Dekorationswerkstätten verfügen über Tischlereien, Malereien, Schlossereien, Bildhauereien sowie eigene Waffenwerkstätten – und eben über eine gute Küche. *»Da kocht ein Afrikaner gute Wiener Schmankerl«*, so Nimmrichter. *»Also gehen wir zu Mittag immer wieder mal ins Objekt 19 rüber.«* Mehr Kunst spielt sich wenige Meter entfernt in einem schwebenden Kubus ab. Dort befindet sich seit Anfang 2012 die neue Probebühne der Wiener Staatsoper. Eine elegante Lösung: Dank der Lager und Werkstätten nebenan können die Sänger und Tänzer hier auch mit Kulissen proben. Und immer wieder wird das neue Gebäude auch für Aufführungen und die Kinderoper genutzt.

Bereits ein kultureller Traditionsbetrieb im Arsenal ist die Probebühne des Burgtheaters, die seit den frühen 1970er-Jahren hier angesiedelt ist. Es kann also durchaus sein, dass wir auf dem Gelände einem mehr oder weniger bekannten Schauspieler oder Sänger begegnen. So viel Kunst und Kultur bringt schon eine ganz eigene Atmosphäre ins Arsenal.

Im hinteren Teil des Geländes geht es etwas technischer zu. Neben dem Areal des »Technologiezentrum Arsenal« der A1 Telekom Austria wurden einige Objekte 2010 für die Nutzung durch die Technische Universität Wien adaptiert: Objekt 227, die sogenannte »Panzerhalle«, beherbergt die Labors des Instituts für Fahrzeugantriebe und Automobiltechnik. Im Objekt 221, der »Siemens-Halle«, befinden sich Labors des Instituts für Energietechnik und Thermodynamik sowie des Instituts für Fertigungstechnik und Hochleistungslasertechnik. Im Objekt 214 ist die »Technische Versuchs- und Forschungsanstalt« untergebracht.

*»Ja, hier gibt es schon eine ganz spezielle Wohnqualität. Die Ruhe, die garantierte Verkehrsarmut, die großen Freiräume.«*

Die Kleinen aus dem »KIWI Kindergarten Arsenal« freilich kümmern diese technischen Details am Gelände wenig. Sie erfreuen sich lieber der vielen Grünflächen, die auf dem gesamten Areal wie kleine oder größere grüne Oasen die Mischung aus alten Backsteinhäusern und modernen Stahlbetonbauten durchbrechen. Irritieren mögen die Ping-Pong-Geräusche, die hinter den Zäunen mit den grünen Sichtblenden entlang der westlichen Gebäudelinie zu hören sind. Wer vermutet schon eine Tennisanlage inmitten des Arsenal Wien! Und dennoch: Bereits seit Anfang der 1960er-Jahre frönt man hier diesem Ballsport. Dem Ächzen und Stöhnen der Tennisspieler setzt maximal Hundekläffen etwas entgegen.

Frau Sokol schwärmt: *»Ja, hier gibt es schon eine ganz spezielle Wohnqualität. Die Ruhe, die garantierte Verkehrsarmut, die großen Freiräume.«* Ihre Freundin nickt und spricht vom Generationswechsel im Arsenal. »*Hier hat sich viel geändert. Die Bewohner haben gewechselt – weniger alte Leute, mehr Familien und Kinder. Aber die gute Nachbarschaft ist geblieben.*« Von den Impulsen, die der angrenzende Hauptbahnhof setzt, ganz zu schweigen. Frau Sokol resümiert: »*Das Arsenal ist durch seine Öffnung für die Menschen zu einem beliebten Grätzel geworden.*«

»*Hier hat sich viel geändert. Die Bewohner haben gewechselt – weniger alte Leute, mehr Familien und Kinder. Aber die gute Nachbarschaft ist geblieben.*«

Wir schlagen vor, einfach durchschlendern und genießen. Bevor wir dieses wunderbare Grätzel verlassen, statten wir noch dem Bundesdenkmalamt einen Besuch ab.

## Konservierung

Ob ein Grabdenkmal der Spätgotik, das älteste Fass des Burgenlands aus Bruckneudorf, datiert auf 120 nach Christus, oder ein kleiner Clown, ein Artefakt aus der KZ-Gedenkstätte Mauthausen – in der »Abteilung Konservierung und Restaurierung« des Bundesdenkmalamts werden diese Kulturgüter mit Umsicht,

Sanfter Umgang mit der Vergangenheit – »Konservierung und Restaurierung«, ein wichtiger Teil der Denkmalpflege.

Sorgfalt und größter Handfertigkeit behandelt – und etwas Liebe ist auch im Spiel. Wenn die Mitarbeiter über die Objekte sprechen, sieht und spürt man die Begeisterung für die Kunstwerke, das Material, das Handwerk dahinter. Hingebungsvoll beschreiben sie ihre Arbeit, die sie tagtäglich verrichten. Wertvoll und wichtig sei sie. Und befriedigend, wenn am Ende des Tages neue Erkenntnisse oder eben gut konservierte Artefakte da sind. Ähnlich euphorisch beschreiben auch die anderen Fachbereichsleiter ihre Tätigkeit. Hofrat Dr. Bernd Euler-Rolle bringt die Aufgaben seiner Abteilung auf den Punkt: »*Konservierung und Restaurierung gehören zu den zentralen Aufgaben der Denkmalpflege*«, fasst er zusammen. Jährlich werden in den Werkstätten im Arsenal mehr als 50 Objekte untersucht beziehungsweise restauriert und rund fünf Außenarbeiten in unterschiedlichen Fachbereichen durchgeführt. Daneben begleiten die Experten fachlich zahlreiche Projekte in Kooperation mit den Landeskonservatoraten. Publikationen, Tagungen und Weiterbildungsveranstaltungen tragen zur Wissensvermittlung und zum internationalen Wissensaustausch bei. Am Standort im Arsenal Wien arbeitet man schon seit den 1950er-Jahren. Die riesigen Hallen im Objekt 15 stellen optimale Werkstätten für die Arbeiten an überdimensionalen Wandgemälden, schweren Steinskulpturen oder auch sperrigen Holz-Objekten zur Verfügung Die Mitarbeiter schätzen diesen Arbeitsplatz als ruhigen, kreativen Ort inmitten eines geschichtsträchtigen Gebäudekomplexes. Und das Arsenal hat mit seinem historistischen Baustil ein ganz besonderes Flair. Der passt zum Bundesdenkmalamt.

Wir holen uns noch eine Stärkung beim Nahversorger im Einser-Haus und marschieren weiter die Ghegastraße, die später zur Alfred-Adler-Straße wird, Richtung Sonnwendviertel.

Das Sonnwendviertel im 10. Bezirk befindet sich südlich vom neuen Hauptbahnhof. Die Fläche wird überwiegend als Wohngebiet genutzt. In der Mitte befindet sich ein etwa sieben Hektar großer Park, rund 5.000 Wohnungen für etwa 13.000 Menschen, Einkaufsmöglichkeiten, Schulen, Kindergärten, Ärztepraxen und Apotheken.

»Reisen macht einen bescheiden. Man erkennt, welch kleinen Platz man in der Welt besetzt.«

GUSTAVE FLAUBERT

Der neue Wiener Hauptbahnhof befindet sich ein gutes Stück westlich des alten Südbahnhofs. Wo einst der heruntergekommene Frachtenbahnhof samt umliegendem Gelände war, stehen inzwischen hübsche Wohnanlagen. Erste Bank, Bawag, ÖBB und andere große Firmen haben hier ihre Firmenzentralen. Wir gehen am Bahnhof vorbei und besuchen das Restaurant von René Ringsmuth – der Ringsmuth.

Amerikanische Geschäftsleute werden den Europäern oft als Vorbild hingestellt. Sie sagen nie, dass sie Probleme hätten, nein, sie sprechen von Herausforderungen und verstrahlen stets Optimismus. Es stimmt, in unserer Kultur ist man ein wenig zurückhaltender und feiert die Erfolge lieber am Ende als vor dem Anfang. Ein alter Witz bringt es auf den Punkt. Sagt ein Wiener Kaufmann zum anderen: »*Wie geht das Geschäft?*«, antwortet der andere: »*Wer redet von gehen? Tragen muss man es!*«

»*Wie geht das Geschäft?*«
»*Wer redet von gehen? Tragen muss man es!*«

René Ringsmuth ist ein erfolgreicher Wiener Wirt. Sein Gasthaus an der Ecke Johannitergasse/Sonnwendgasse, wenige Schritte vom Hauptbahnhof entfernt, war immer schon der angesagte Treffpunkt für die Favoritner, die Bewohner des 10. Bezirks. Der zum europäischen Knotenpunkt mutierte Bahnhof beschert ihm jetzt viele neue Kunden. Dennoch ist er zurückhaltend, nicht mit seinen Erfolgen, sondern bleibt bescheiden: »*Früher war es sehr hart, heute ist es immer noch hart. Aber natürlich ist es leichter geworden, es sind in der Umgebung viele Hotels entstanden und es kommen Gäste von nah und fern*«.

Kellner polieren Gläser, zupfen Tischdecken zurecht und tragen Teller in den gemütlichen Gastgarten – das Mittagsgeschäft läuft. Eigentlich wollte er den elterlichen Gasthausbetrieb »Zum Kamptaler« am Gelände des alten Frachtenbahnhofs in der Sonnwendgasse 21 übernehmen, doch dieser musste den Plänen zum neuen Hauptbahnhof weichen.

Hier aufgewachsen, beabsichtigte der Küchenchef dennoch, in seinem Grätzel zu bleiben und fand rasch ein altes Weinhaus, das er nach seinen Vorstellungen renovierte und gestaltete. *»Es steckt sehr viel Spaß, Fleiß und Liebe im Betrieb«*, sagt Ringsmuth. Fünf Jahre lang hat er im »Steirereck« gelernt, dann sammelte er Erfahrungen bei einer der größten Catering-Firmen Österreichs. Das Catering ist noch heute das zweite Standbein des Restaurantbesitzers. Seine Küche beschreibt er als »Wiener Klassiker, neu interpretiert« – besonderen Wert legt er auf ungewöhnliche Zutaten und einen innovativen Einschlag. Das bedeutet dann etwa Oktopussulz mit Paprika und mariniertem Chicorée und gefüllte Landhuhnbrust mit Zitronennudeln und Chilifäden neben Klassikern wie Gulasch und Wiener Schnitzel. Und obwohl viele Bekannte damals mit einem Kopfschütteln und *»du bist ja wahnsinnig«* auf seine Restaurantpläne reagierten, geht das Konzept auf. *»Es war natürlich kein Zufall, dass wir hier eröffnet haben«*, gesteht der Chef. Tatsächlich ist die Kombination von wunderbarer, traditioneller Wiener Küche und dem belebten Platz eine Erfolgsgarantie. Wer zur Mittagszeit oder am Abend zum »Ringsmuth« essen gehen will, ist gut beraten einen Tisch zu reservieren. Das Publikum ist bunt wie der Fahrplan der Bahn vis-à-vis. Geschäftsleute aus der Umgebung treffen auf Rucksacktouristen, Wanderer, die auf ihren Zug warten auf Gäste aus der Umgebung.

*»Es steckt sehr viel Spaß, Fleiß und Liebe im Betrieb«*

René Ringsmuth ist nicht der Einzige in der Sonnwendgasse, der an die positive Veränderung des Grätzels während der ersten Bauphase des Hauptbahnhofs glaubte. Auch das Hotel Zeitgeist und das dazugehörige Lokal-Café-Bar Pergola haben im März 2013 inmitten von Staub und Baustellenlärm ihre Türen geöffnet. Das Hotel hat 254 Zimmer. Im »Zeitgeist« setzte man, ganz dem Namen entsprechend, auf modernes Design, ohne jedoch dabei zu übertreiben. Deshalb wurde etwa bewusst roher Beton eingesetzt. Im zweiten Stock befindet sich das Restaurant.

## Der Wiener Hauptbahnhof

Wo der »Zeitgeist« wohnt – im Sonnwendviertel, unweit des Hauptbahnhofs, mit geschmackvoll designtem Restaurant und Hotelzimmern.

Der neue Hauptbahnhof in Wien belebt nicht nur den transeuropäischen Bahnverkehr, sondern auch das Wohn- und Arbeitsviertel zwischen Südtiroler Platz und Favoritenstraße und ist Europas modernster Verkehrsknotenpunkt zwischen Osten und Westen, Norden und Süden. Schnellere Verbindungen, einfaches Umsteigen, optimale Anbindungen sowie Barrierefreiheit bieten außergewöhnlichen Reisekomfort. Der Hauptbahnhof ist eine Schlüsselstelle des transeuropäischen Schienennetzes und eine wichtige Drehscheibe für den internationalen und nationalen Reiseverkehr: Rund 1.000 Züge und 145.000 Menschen pro Tag frequentieren den neuen Hauptbahnhof. Auch innerstädtisch ist der Hauptbahnhof gut in das öffentliche Verkehrsnetz eingebunden: Eine großzügige Passage unter dem Südtiroler Platz verbindet den neuen Hauptbahnhof attraktiv und direkt mit der S-Bahn sowie der unterirdischen Straßenbahn- und U-Bahn-Haltestelle. Acht S-Bahnlinien, die U-Bahn, drei Straßenbahnverbindungen und zwei Buslinien schaffen ein neues, innerstädtisches Zentrum. Mussten früher Reisende, die vom Westen kamen und in den Osten oder Süden wollten, am Westbahnhof samt ihrem Gepäck in die Straßenbahn oder in ein Taxi steigen und zum Südbahnhof fahren, so gibt es heute dank neuer Tunnelverbindungen eine direkte Anbindung der beiden Strecken. Heute fährt man daher beispielsweise von Graz nach Prag um eine ganze Stunde kürzer als früher.

Bahn belebt, das ist eine alte Weisheit. Mit dieser Ansicht treffen wir uns im Übrigen mit den Amerikanern. Präsident Lincoln hat bereits im Laufe des Bürgerkriegs den Bau einer Eisenbahnverbindung nach Kalifornien genehmigt, mit der klugen Strategie, das große Land auch faktisch zu verbinden. Bahn verbindet Menschen, aber sie bringt auch und vor allem Wohlstand. Der imposante Knoten Hauptbahnhof macht das Reisen über alle Grenzen einfacher, lässt Nord und Süd, West und Ost zusammenkommen.

Die »Landmark« des Bahnhofs – das beeindruckende Rautendach aus Stahl- und Glaselementen mit seinen rund 24.000 Quadratmetern – ist von Weitem sichtbar. Es ist sowohl mit einer Fotovoltaik-Anlage zur Stromerzeugung als auch einem Hitzeschild für den Brandfall ausgestattet. 5.700 Tonnen Stahl wurde hier verarbeitet, etwa zwei Drit-

Die Landmark des Hauptbahnhofs – das Rautendach aus Stahl- und Glaselementen gibt dem Gebäude seinen unverwechselbaren Charakter.

tel des Pariser Eiffelturms. 15.000 Schrauben pro Raute, so die ÖBB. Das wollen wir jetzt aber nicht nachzählen. Im Gebäude befinden sich außer den Bahnsteigen noch ein 20.000 Quadratmeter umfassendes Einkaufszentrum mit rund 90 Gastronomiebetrieben und Geschäften. Inklusive Büro- und Wohngebiet umfasst das Areal der neu errichteten Bahnhof-City 109 Hektar, das entspricht in etwa der Größe von Wien Josefstadt und ergibt damit tatsächlich einen eigenen kleinen Bezirk.

Nach einem kurzen Streifzug durch die Bahnhofshalle gehen wir in die äußere Favoritenstraße, stadtauswärts, bis wir auf den Columbusplatz stoßen.

Die Stadt Wien ist ab Beginn des 19. Jahrhunderts aus ihrem historischen Kern, in den ungefähren Grenzen des heutigen 1. Bezirks, in die Vorstädte hinausgewachsen. Die Hauptachsen vom Zentrum in alle Himmelsrichtungen nennt man hierzulande »Ausfallstraßen«. Sie sind die wichtigsten Verkehrswege auch nach dem Schleifen der Stadtmauer in den 1860er-Jahren geblieben. Vom städtischen Zentrum aus konnte man über sie mit der Kutsche und später mit dem Auto hinaus ins Grüne fahren oder umgekehrt, von den Dörfern in die große Stadt gelangen. Wikipedia lehrt uns, dass solche Ausfallstraßen stellenweise Sichtachsen auf markante Stadtkörper (historische Altstädte, Schlösser usw.) ausbilden.

Die Favoritenstraße ist in früheren Zeiten beides gewesen, attraktiver Weg durch den Bürgerbezirk Wieden (siehe S. 26) und Arme-Leute-Straße in den weiter entfernten Bereichen im Arbeiterbezirk Favoriten. Hier im 10. Wiener Gemeindebezirk haben sich die ersten »Gastarbeiter« angesiedelt. Es waren das zugewanderte Böhmen, die sogenannten »Ziegelbehm«, die in den Ziegeleien südlich der Stadt schlecht bezahlte Arbeit fanden.

Eine gelungene Infrastruktur-Maßnahme hat die Straße bereits vor rund 40 Jahren zwischen dem Columbusplatz und dem Reumannplatz deutlich attraktiviert. Parallel zum Bau der Untergrundbahn U1 wurde dort eine Fußgängerzone eingerichtet, die

Wasserspiele am Columbusplatz – dem Herzstück der Fußgängerzone in der Favoritenstraße. Hier ist Abkühlung beim Joggen greifbar nahe.

belebter und bunter nicht sein könnte. Auch hier weht internationaler Flair, wohnen doch viele vom Balkan oder aus der Türkei zugewanderte Menschen in den kleinen Seitengassen. Vor etwa zehn Jahren wurde die Fußgängerzone von der Landgutgasse bis zum Südtiroler Platz erweitert und erstreckt sich heute auf über 900 Metern, dicht gesäumt von Geschäften, Lokalen und einem großen Markt. Wer sich oft schon gefragt hat, warum keine Bäume die Einkaufsstraße säumen, dem sei gesagt, dass wegen der relativ knapp unter dem Straßenniveau liegenden U-Bahn-Trasse eine Bepflanzung nicht möglich ist.

## Columbus und Sir Fancis Drake

Spazieren wir also die Favoritenstraße nach Süden oder »stadtauswärts«, wie die Wiener sagen, erreichen wir gleich einmal den Columbusplatz. Wo Columbus draufsteht, muss es immer auch etwas zu entdecken geben. Hier ist es das Haus Nummer 6, das dem großen Seefahrer gewidmet ist. Der Columbushof wurde 1892 erbaut und vor rund dreißig Jahren prächtig renoviert. Die Fassade des späthistorischen Hauses ist im obersten Geschoß reich bemalt. Dort sieht man auch Reliefs von Columbus und einem anderen berühmten Seefahrer, Sir Francis Drake, der ein ziemlicher Brandschatzer und Plünderer war, worüber aber die offizielle Geschichte den noblen Mantel des Vergessens legt. Wir brauchen nicht zu plündern, sondern machen einen Abstecher ins Columbus-Center, wo ebenso große Betriebsamkeit herrscht wie auf der Favoritenstraße. Hier gibt es alles, was der Mensch braucht oder zu brauchen glaubt.

Hier beenden wir unsere Grätzelwanderung und überlassen es Ihnen, ob Sie die Wanderung in dem einen oder anderen Lokal noch ausklingen lassen.

Ein Blick nach oben – der »Columbushof« mit den Reliefs von Columbus und Sir Francis Drake ist eine Entdeckung wert.

# Unsere Lieblings-Spots im Grätzel:

### Papier Flieger
Feine Papeterie mit originellen Geschenkideen rund ums Papier und Dingen, die das Schreibtischleben bunter machen.
**1030, Ungargasse 55**
facebook.com/papierfliegerwien

### Winklers Zum Posthorn
Qualtingers ehemaliges Stammwirtshaus punktet durch ausgezeichnete Wiener Küche, angenehme Atmosphäre und Herzlichkeit des Wirten, auch »Hofrat« genannt.
**1030, Posthorngasse 6**
winklers-zumposthorn.at

### Gasthaus Seidl
Auf der Speisekarte finden sich neben Wiener Klassikern wie Wiener Schnitzel mit Erdäpfelsalat, Backhendl, Gulasch und Milchreis auch Gemüsegerichte.
**1030, Ungargasse 63**
gasthaus-seidl.at

### Botanischer Garten
Ein Highlight ist die jährlich im April stattfindende Raritätenbörse für Gartenfreunde. Von Wildblumen, Stauden, Gehölze über Gemüsepflanzen bis hin zu Rosen, Kakteen und Orchideen finden Pflanzenliebhaber alles, was das Gärtnerherz begehrt. Ein Pflichttermin für Menschen, die der großen Gartenlust frönen.
- **Haupteingang**
  (Mechelgasse/Praetoriusgasse)
- **Jacquin-Tor** (Jacquingasse)
  über Rennweg
- **Eingang Alpengarten**
  (Oberes Belvedere)
- **Reitertor**
  (Durchgang Belvederegarten)

botanik.univie.ac.at

### Belvedere 21
Präsentation zeitgenössischer Kunst aus Österreich und temporäre internationale Wechselausstellungen.
**1030, Arsenalstraße 1**
belvedere21.at

### Familienbäder
Badespaß für Familien mit Kindern und Jugendlichen bis 15 Jahre. Die elf Familienbäder in Wien zeichnen sich durch geringe Wassertiefe und preisgünstiges Vergnügen aus.
wien.gv.at/freizeit/baeder/
uebersicht/familienbaeder

### Klein Steiermark
Mitten im Schweizergarten gelegen lässt sich hier wunderbar entspannen, und das täglich. Steirische wie auch Spezialitäten aus der Wiener Küche genießt man entweder in den gemütlichen Gaststuben, dem lichtdurchfluteten Wintergarten oder im Sommer im herrlich schattigen Gastgarten.
**1030, Heeresmuseumstraße 1**
kleinsteiermark.wien

### der Ringsmuth
Die Qual der Wahl. Da finden sich auf der Speisekarte Erdäpfel-Grammelknödel mit warmem Spitzkraut, Rieslingsbeuschel, Altwiener Erdäpfelsuppe, Zwiebelrostbraten und Krenfleisch neben vegetarischen Gerichten wie Variation von der Pastinake mit gebackenen Rosmarin-Bällchen und Dirndlschaum oder Risotto vom Butternuss-Kürbis. In der warmen Jahreszeit sehr zu empfehlen – der ruhige, von den Launen des Wetters geschützte Gastgarten.
**1100, Johannitergasse 1**
der-ringsmuth.at

### Lokal-Café-Bar Pergola
In dem lässig-urbanen Lokal, etwa 300 Meter vom Hauptbahnhof entfernt, wird großer Wert auf Freundlichkeit dem Gast gegenüber und die Qualität der Zutaten gelegt. Viel Bio, Regionales und Selbstgemachtes finden sich auf der umfangreichen Speisekarte.
**1100, Sonnwendgasse 15**
zeitgeist-vienna.com/
kulinarik-pergola

# 3. GRÄTZELTOUR

Matznerviertel ~ Einwanggasse ~ Hadikgasse ~ Badhaussteg ~
Dommayergasse ~ Auhofstraße ~ Nikolausgasse

# 3. GRÄTZELTOUR

Matznerviertel ~ Einwanggasse ~ Hadikgasse ~ Badhaussteg ~
Dommayergasse ~ Auhofstraße ~ Nikolausgasse

Reine Gehzeit: 1 Stunde 10 Minuten

Die folgende Grätzelwanderung, mit einer reinen Gehzeit von einer Stunde, zehn Minuten, starten wir im Matznerviertel. Es ist vom Karlsplatz mit der U4 bis Hietzing, dann mit der Buslinie 51A (Richtung Ottakringer Bad) bis zur Haltestelle Cumberlandstraße und das letzte Stück zu Fuß bis in die Matznergasse zu erreichen. Das Grätzel liegt eingebettet zwischen Ameisgasse, Linzer Straße, Hütteldorfer Straße und Westbahn.

Die Bewohner des Matznerviertels haben einen eigenen Verein »Lebenswertes Matznerviertel« gegründet. Hier geht es um ein solidarisches Miteinander und um die Lebensqualität im näheren Umfeld. Grätzelfeste und eine Grätzelzeitung werden von den Bewohnern selbst gestaltet, viele kleine Aktivitäten schaffen freundschaftlichen Zusammenhalt.

Wir starten beim Matznerpark, an der Ecke Märzstraße/Matznergasse. Hier befindet sich der Matznergarten, der erste Nachbarschaftsgarten im 14. Bezirk.

Da stellt es einem ja die Haare auf. Alle drängen sich am Hochbeet und ein armes Eichkatzerl muss sich hinten anstellen.

Er entstand 2015 auf Initiative von engagierten Bewohnern unter dem Motto »gemeinsam wachsen« und hat sich zu einem viel frequentierten Treffpunkt der Grätzelbewohner entwickelt. Den leidenschaftlichen Gärtnern stehen mehrere Hochbeete zur Verfügung. Hier herrscht ein wahrlich buntes Treiben, sei es jenes der Gartenliebhaber bei den Beeten oder jenes der Pflanzen, die hier wunderbar wachsen, weil sie sich offensichtlich ebenso wohlfühlen wie die Menschen rund um sie.

Wie in den meisten Parks, gibt es auch im Matznerpark einen Spielplatz, eine Hundefreilaufzone und einen Trinkbrunnen. Schön, aber doch unterscheidet ihn von anderen Parks, dass es mittendrin auch einen Friedhof gibt, der ob seiner Lage und Naturbelassenheit einzigartig ist. Der Eingang befindet sich auf Höhe `Einwanggasse` 55. Wir machen einen Abstecher, auch wenn dadurch unsere Nettogehzeit steigt, und gehen von der `Goldschlagstraße` kommend die Einwanggasse nach Norden, schlendern ein kurzes Stück durch den Park, um dann direkt vor das Friedhofstor zu gelangen. Wer jetzt die Gehzeit noch weiter erhöhen möchte, zieht eine Runde durch den idyllischen Friedhof. Alle diese Umwege zahlen sich wirklich aus, wenn man Natur mitten in der Stadt liebt.

> Die Einwanggasse ist nach dem Penzinger Pfarrer Georg Einwang (1657–1662) benannt, der 1660 die St.-Rochus-Kapelle in der Penzinger Straße erbaute.

Zurück auf der Goldschlagstraße gehen wir zu Haus Nummer 169 und besuchen die `Sargfabrik`. Auf dem Areal dieser frühe-

ren Produktionsstätte für den allerletzten Anzug, wurde 1996 ein innovatives Wohnprojekt durch eine engagierte Gruppe von Menschen umgesetzt. Ziel war es, gemeinschaftlich verschiedene Lebensmodelle und kulturelle Variationen unter ein Dach zu bringen, was – wie wir meinen – auch gelungen ist. An die einstige Sargtischlerei erinnern heute nur noch der Grundriss des Neubaus und der im Hof stehengebliebene Schlot der Fabrik. Laubengänge, Freiflächen, ein Teich, ein Restaurant, ein Veranstaltungssaal, ein Kindergarten, Seminarräume, ein Hallenbad mit Sauna und Schwimmkanal, Dachgärten mit Ruhezonen, Grillplatz und Gemüsebeeten – all das macht

**3. GRÄTZELTOUR**

diesen Ort der kulturellen Diversität aus. Das Kulturprogramm kann sich sehen lassen, es gibt einen vielfältigen Spielplan, reichend von Theateraufführungen bis Musikveranstaltungen aus den verschiedenen Genres wie Jazz, Worldmusic und Volksmusik.

Wo früher Särge erzeugt wurden, leben jetzt ganz lebendige Menschen in einer modernen Umgebung. Nur der alte Schlot lässt die Erinnerung wach bleiben.

Wir machen eine kurze Pause in der **KANT_INE VIER ZEHN**, die den Gästen der Sargfabrik den Aufenthalt kulinarisch verschönert. Heller Raum, gute österreichische Küche, freundliche Be-

In der »KANT_INE VIERZEHN« heißt es für die Arbeitskräfte, sich wieder an das Berufsleben herantasten und für die Gäste, dass ihnen beste Schinkenfleckerl kredenzt werden.

dienung, hier passt alles zusammen. Das Besondere an diesem Restaurant aber ist, dass es sich um einen sozialökonomischen Betrieb handelt. Das heißt, dass der Betrieb Menschen über Fünfzig, die ihren Arbeitsplatz verloren haben, einen Job auf Zeit bietet, um ihre Chancen am Arbeitsmarkt zu erhöhen. Hier bleiben sie im Rhythmus des Arbeitslebens und gewinnen neues Selbstbewusstsein. Unser Blick fällt noch auf die Menükarte, auf der sich regionale Köstlichkeiten wie Krautrouladen und überbackene Schinkenfleckerl finden. Doch wir belassen es diesmal bei einer guten Tasse Kaffee und gehen unseres Weges, denn noch liegt ein schönes Stück vor uns.

Zurück in der Goldschlagstraße überqueren wir die Straße, um dem schräg vis-à-vis befindlichen Wirtschaftspark Breitensee einen kurzen Besuch abzustatten. Ein riesiges Areal im Charme industrieller Architektur der Gründerzeit, begleitet durch innovatives Industriedesign – so präsentiert sich uns die 25.000 Quadratmeter große Gesamtfläche. Neben Unternehmen aus dem Grafik-, Design- und Medienbereich haben sich hier innovative produzierende Betriebe und soziale Einrichtungen angesiedelt. Und hätten wir nicht schon vorhin eine Pause gemacht, würden wir uns ins Barista 14 setzen und von hier aus das geschäftige Treiben des Wirtschaftsparks genießen.

Wir aber gehen wieder Richtung Park, weiter bis zur Einwanggasse, biegen in diese links ein und setzen den Weg fort, bis wir auf die Hadikgasse stoßen.

Wirtschaftspark Breitensee: Ein riesiges Areal im Charme industrieller Architektur der Gründerzeit.

Die meisten Wiener kennen die Hadikgasse als Teil der Westausfahrt der Stadt in Richtung der A1, jener Autobahn, die bis Salzburg und weiter nach Deutschland führt.

Die Gasse am linken, dem nördlichen Ufer des Wienflusses, ist nach dem Feldmarschall Andreas Hadik von Futak benannt, der im Österreichischen Erbfolgekrieg (1740–1748) und im Siebenjährigen Krieg (1756–1763) kämpfte.

Heute kämpfen sich die Autofahrer durch den dichten Verkehr, um vom Schloss Schönbrunn zur Auffahrt der Autobahn zu gelangen. Beim engsten Teilbereich zweigt die Kennedybrücke in den Nobelbezirk Hietzing ab, die Ende 1963, nur einen Monat nach der Ermordung des US-Präsidenten John F. Kennedy, nach ihm benannt wurde.

Rechter Hand geht es die Hadikgasse weiter, bis wir auf der anderen Straßenseite links auf den `Badhaussteg`, der über den `Wienfluss` führt, stoßen. Wir überqueren den Wienfluss und den nachfolgenden Hietzinger Kai, um in die `Dommayergasse` einzubiegen.

Der Name »Dommayer« tauchte in der Hietzinger Gastronomie erstmals 1823 auf, als Ferdinand Dommayer von seinem Schwiegervater eine Gastwirtschaft übernahm. Der junge Mann, ein gelernter Kammmacher, muss eine goldene Hand gehabt haben, vergrößerte er doch bereits zehn Jahre später das Lokal durch Zukauf von benachbarten Häusern zu einem Casino mit einem großen Ballsaal, das alsbald ein Zentrum der Geselligkeit wurde. Die Annalen erzählen von wienerischen Festen und vornehmen Bällen für die feine Gesellschaft.

In Dommayers Casino wurden die »Loreleyklänge« von Johann Strauß Vater und der Walzer »Die Schönbrunner« von Joseph Lanner erstmals aufgeführt. Auch Johann Strauß Sohn trat mit seiner Kapelle im Dommayer auf und soll große Erfolge verzeichnet haben.

Das Dommayer, wo die Wiener seit jeher einkehren und an alte Zeiten denken: »Im Ohr noch die rauschenden Walzer, die Walzer von Lanner und Strauß.«

Heute steht dort, wo einst die Walzer erklangen, das »Schönbrunner Parkhotel«. Der Name Dommayer lebt nicht weit von dort im Café Dommayer auf Hausnummer 1 in der gleichnamigen Gasse weiter. Auch ein von Franz Allmeder getextetes und von Roman Domanig-Roll vertontes Wienerlied erinnert an die goldenen Zeiten:

*Im Ohr noch die rauschenden Walzer,*
*die Walzer von Lanner und Strauß,*
*im Herzerl ein bisserl Verliebtheit,*
*so kommt sie vom Dommayer z'Haus.*
*Die Guckerln, so blau wia die Veigerln,*
*die glänzen voll Lust und voll Freud'.*
*Sechts Leut'ln, so war's anno Dreißig in Wien*
*in der goldigen, g'mütlichen Zeit!*

In unmittelbarer Nähe zum »Café Dommayer«, am Anna-Strauss-Platz, befindet sich ein Johann Strauß-Denkmal. Es trägt die Inschrift »Sein Weg zum Weltruhm begann hier in Hietzing«. Das weit berühmtere Denkmal, das zu einer der meistfotografierten Sehenswürdigkeiten von Wien gehört, befindet sich allerdings im Stadtpark nahe dem Kursalon.

Rund drei Kilometer lang schlängelt sich die Auhofstraße quer durch Hietzing. Ob im Villen- und Botschaftsteil im unteren Abschnitt oder im dörflichen Leben der oberen Auhofstraße – die Bewohner schätzen vor allem die Ruhe und das viele Grün.

## Die untere Auhofstraße

Hier, in der Nähe des Hietzinger Bezirkszentrums, tut sich viel: Mütter mit Kinderwagen und ältere Damen mit Einkaufstaschen sind unterwegs. Und auch der Garten des Altwiener »Café Dommayer« ist voll besetzt, der Ober schwirrt von Tisch zu Tisch, um Bestellungen aufzunehmen, Getränke zu servieren und Teller abzuräumen. Als »graue Eminenz« des Dommayer und immer gut gelaunter Alleinunterhalter ist er inzwischen grätzelweit bekannt. *»Wenn ich in Pension gehe, schreibe ich ein Buch«*, sagt er. Geschichten gebe es genug – etwa jene von vor ein paar Monaten, als er eigenhändig einen Taschenräuber zur Strecke brachte. Nur wenige Meter vor dem Café riss ein Mann einer Stammkundin die Tasche weg und flüchtete – der wagemutige Kellner zögerte nicht lange und nahm die Verfolgung auf. Sogar als der Räuber die Tasche bereits weggeworfen hatte, gab er nicht auf. Die alte Dame dankte es ihm, denn in der Handtasche befanden sich mehrere tausend Euro. *»So etwas passiert mir ständig«*, übertreibt der tapfere Mann lachend.

Heute bildet das »Dommayer«, zusammen mit dem Traditionslokal Plachutta Hietzing, das für seine Rindfleisch-Spezialitäten berühmt ist, das kulinarische Zentrum Alt-Hietzings. Auch drinnen finden sich alle Accessoires, die ein klassisches Altwiener Kaffeehaus ausmachen: rote Samtpölster, Marmortische und große Luster. An einem der Tische sitzt ein älterer Herr, der seit 42 Jahren ins »Dommayer« kommt. *»Ich bin gerne hier, weil ich jede Menge Zeitungen*

In Hietzing zeigt sich Wien von seiner bürgerlich-eleganten Seite.
In der Balkonwohnung residierte der Hausherr, weiter oben seine Mieter.

*lesen kann«*, erzählt er uns. In den letzten Jahren sei das Stammpublikum ein bisschen weniger geworden, dafür kommen mehr Touristen, beobachtet er. Das »Küss die Hand, die Dame«, wird hier tatsächlich noch gepflegt und die Stammgäste werden mit Namen und dem in Österreich so wichtigen Titel angesprochen.

Auch ein Stück weiter, auf Nummer 6A, im Gastgarten des italienischen Restaurants La Grappa wurlt es richtiggehend. Wir aber verzichten diesmal auf eine Pause und schlendern weiter, die Auhofstraße entlang, vorbei an schönen Gebäuden, nicht ohne hin und wieder einen Blick nach oben zu werfen. Die Auhofstraße präsentiert sich hier als eine baumgesäumte Allee. Pastellfarbene Fassaden und Stuck, Balkönchen und grüne Fensterläden, liebevoll gestutzte Hecken und die eine oder andere Kamera, die den Vorbeigehenden kritisch beäugt, denn die untere Auhofstraße beherbergt nicht nur einige der hübschesten Wiener Vorortvillen, sondern auch mehrere Botschaften und Konsulate. Die Villa des im Jahr 1964 verstorbenen und bis

Die Villa Braunschweig: Dank einer Bürgerinitiative in den 1980er-Jahren wurde der Abriss verhindert. Jetzt hat ein neuer Besitzer die Villa wieder zu schönem Glanz gebracht.

heute bei den Wienern außerordentlich beliebten Schauspielers Hans Moser ist heute die Botschaft der Republik Aserbaidschan auf Höhe Nummer 78, der Zugang ist jedoch in der Hügelgasse 2. Die Residenz des deutschen Botschafters, nicht weit davon, versteckt sich hinter einer Jahrhundertwende-Fassade und einem schmiedeeisernen Zaun. Abgerundet wird das Bild der kleinen Villa durch eine hölzerne Veranda und einem parkähnlichen Garten, in den eine Freitreppe führt. Auffällig sind vor allem die Fassade, auf der ein großes Relief des Pfingstwunders zu sehen ist, sowie der vorgelagerte, offene Glockenstuhl. Auch sehr schön – das »Pallottihaus«, das von der katholischen Pallottiner-Gemeinschaft betrieben wird. Es ist auf Nummer 10.

Zwischen verzierten Knusperhäuschen und mächtigen, burgähnlichen Villen gibt es immer wieder architektonische Schönheiten des ausgehenden 19. Jahrhunderts zu bewundern, etwa die »Villa Mayer«, in der Auhofstraße 11, die durch den Säulenvorbau und die Balkonbalustraden besticht, oder die »Villa Braunschweig« auf Nummer 18, die in Schönbrunner Gelb gehalten auf den ersten Blick vor allem durch die grünen Fensterläden auffällt. Viel hat sich seit der Errichtung der Villen um die Jahrhundertwende bei diesen Häusern meist nicht getan, nur die eine oder andere Hollywood-Schaukel im Vorgarten stört das Eintauchen in eine vergangene Zeit.

Vor dem Friseurgeschäft Ernst Peter Neumann auf Nummer 115 zündet sich gerade eine junge Friseurin eine Zigarette an. Ruhig sei es hier, die Kundschaft bestehe hauptsächlich aus Stammkunden, berichtet sie. »*Es ist wie ein kleines Dorf, hier weiß jeder über jeden Bescheid.*« Zehn Jahre arbeitet sie bereits hier. »Anders« fällt ihr zur Beschreibung noch ein.

Die Bäckerei Schwarz: Zarte Servietten weisen auf das feine Gebäck hin, das hier seit Generationen erzeugt wird. Die Devise für den Flaneur lautet: Unbedingt eintreten!

## Bäckerei Schwarz – beliebter Treffpunkt in der Auhofstraße

Wir gehen weiter in die obere Auhofstraße und besuchen die Bäckerei Schwarz. In das Klirren von Kaffeelöffeln in den Tassen, oder wie wir Wiener sagen: in den Häferln, mischt sich Kinderlachen, es riecht nach Sommer und frischen Bäckereien. Die Bäckerei Schwarz ist Zentrum und beliebter Treffpunkt der Grätzelbewohner rund um die Auhofstraße. Hier ist immer etwas los, im Schatten der Bäume des Gastgartens wird gefrühstückt, geplaudert und gelacht. Häufig bleiben die Hietzinger nach ihrem Einkauf auch noch kurz unter den gelben Sonnenschirmen vor der Bäckerei stehen, um Neuigkeiten auszutauschen.

»*Entschuldigen Sie, hab' ich mich jetzt vorgedrängt?*«, möchte eine ältere Dame wissen. Frau Martina schüttelt den Kopf. Seit vielen Jahren arbeitet sie hier, ihre Stammkunden kennt sie alle per Namen, Lieblingsgetränk und häufigstem Einkauf. »*Unsere Kunden wünschen sich den persönlichen Kontakt, darauf legen sie viel Wert und deshalb kommen sie zu uns*«, erklärt die Verkäuferin, während sie zwei Semmeln in das typisch gelbe Papiersackerl füllt. Die Bäckerei Schwarz ist ein Familienbetrieb, die Stammfiliale in der Auhofstraße gibt es seit über 100 Jahren. Gertraud Maurer übernahm das Geschäft als 18-Jährige von ihrem früh-

zeitig verstorbenen Vater, inzwischen sind auch ihre Kinder in leitender Funktion in den Betrieb integriert. Geöffnet ist eigentlich das ganze Jahr über – nur an den zwei Weihnachtsfeiertagen bleibt der Ofen kalt. »*Und selbst da beschweren sich die Kunden*«, schmunzelt Frau Martina. »*Denn sie wissen: Der Schwarz ist immer für mich da.*« Deshalb geht das Geschäft auch am Sonntag am besten – viele Kunden kommen nur für ein, zwei Semmeln oder einen Liter Milch und natürlich für einen Plausch. Dabei gibt es hier auch das Notwendigste an Lebensmitteln, darüber hinaus Eiscreme, Schoko-Schirmchen und sogar Hochzeitstorten. »*Grüß Gott, Frau Edith*«, ruft die Verkäuferin kurz in Richtung Türe und wendet sich gleich wieder uns zu. Früher war sogar die Backstube hier im Keller, erzählt Frau Martina. Vor ein paar Jahren war der Raum dann endgültig zu klein, die Backstube musste verlegt werden. »*Bei uns ist es nicht so 08/15, nicht so anonym*«, erklärt sie das Erfolgsrezept der über 100-jährigen Geschichte. Die Bäckersleute wissen, was sie an ihren Stammkunden haben. Deshalb engagiert man sich im Grätzel. In den Sommerferien gibt es eine Kinderbackstube und auch beim Grätzelfest wird zusammen mit den kleinen und großen Kunden gebacken.

Im Schanigarten hat es sich Erna Klein gemütlich gemacht. Seit 20 Jahren lebt sie im 13. Bezirk, seit zehn Jahren direkt in der Auhofstraße. »*Ich fühle mich wirklich wohl hier, das macht vor allem der dörfliche Charakter. Wenn man auf die Straße geht, kennt man nahezu jeden und grüßt sich, was anderswo in der Stadt nicht mehr üblich*

Der Aufstieg mag beschwerlich sein. Oben jedoch winken die schönsten Möglichkeiten für einen aufregenden Abstieg.

ist«, erzählt sie. Und dennoch ist die Anbindung gut, in fünfzehn Minuten ist man dank U-Bahn mitten in der Stadt. »Man schaut ins Grüne und hat die ländliche Ruhe. Diese Mischung schätze ich sehr«, sagt Frau Klein. Andere kommen vor allem wegen der Gesellschaft in den Gastgarten der Bäckerei. Am Nebentisch hat sich eine Runde älterer Herren eingefunden, einer hat auch seinen Enkel mitgebracht. »Wir sind seit 30 Jahren hier und sehr zufrieden. Am liebsten plaudern wir unter diesen Bäumen«, deutet der Großvater nach oben. »Wichtig ist einfach die Gemeinschaft.«

Spielplatz, Bepflanzung, Apotheke: Tatsächlich erinnert der Platz vor der Bäckerei Schwarz ein wenig an ein Dorfzentrum. Gleich gegenüber dem Gastgarten turnt eine Kindergartengruppe auf den Geräten des Streckerparks. Bunte Kreidezeichnungen zieren den betonierten Gehweg. Eine junge Frau schiebt ihren Kinderwagen. »Der 13. ist sehr grün und auch sehr ruhig, ideal für Kinder«, sagt sie und reicht ihrem Kleinen noch einen Keks. »Wir wollten damals mit den Kindern einfach nicht mehr in der grauen Stadt wohnen.« Hier in der Gegend gibt es hauptsächlich Familien und ältere Leute. Für das viele Grün nimmt Frau Brandstätter auch gerne die geringere Dichte an Lokalen und das »manchmal ein bisschen altmodische« Flair in Kauf.

Spaziert man die Auhofstraße stadtauswärts weiter, ist die ländliche Ruhe noch deutlicher spürbar. Rosenbüsche in Vorgärten und schmiedeeiserne Balkone und Fenstergitter prägen das Straßenbild, grüne Hecken schirmen neugierige Blicke ab. Die Vögel zwitschern. Vorbei am vergleichsweise modernen Käthe Leichter-Hof aus den 1980er-Jahren, erblickt man rasch auf Nummer 169, das bescheiden wirkende Oblatenkloster St. Paul, das sich in dieser ruhigen Wohnstraße angesiedelt hat. Schon von Weitem hingegen sieht man den Konvent der Dominikanerinnen in der Auhofstraße. Auf einer kleinen Anhöhe errichtet, überragen die Kapelle und der Ziegelbau der Schule die meist nur ein- oder zweigeschoßigen Gebäude der Straße. Ein großer Park umgibt die Anlage, die vom Kindergarten bis zur Fachschule für wirtschaftliche Berufe alle Schulstufen beherbergt. Einige Meter weiter, auf Hausnummer 189, gründeten die Salvatorianerinnen 1930 das »St. Josef-Krankenhaus«. Im Laufe der Jahre wurde es um eine spitalseigene Kapelle erweitert, seit 2004 ist hier ein ganzes Gesundheitszentrum untergebracht. Betreut wird das Spital trotzdem noch immer von den Schwestern selbst.

Müde Grätzelwanderer – immerhin ist die Auhofstraße insgesamt rund drei Kilometer lang – können an dieser Stelle in die Tiroler Alm einkehren. Seit 55 Jahren wird hier Tiroler Tradition in Wien hochgehalten. »*Wir kämpfen dafür, dass der Dorfcharakter der Gegend erhalten bleibt*«, erklärt Besitzer Peter Zorzi. Um seine Großmutter bei der Führung ihrer 1925 gegründeten Bäckerei zu unterstützen, ist er nach Wien gekommen. Von seinen Eltern übernahm er schließlich das Lokal. Seitdem kümmert er sich um sein Grätzel, weist zu flotte Skateboarder zurecht oder organisiert Rätselrallyes. Die Gemeinschaft in der Auhof-

»*Wir kämpfen dafür, dass der Dorfcharakter der Gegend erhalten bleibt.*«

straße ist ihm wichtig, das bestätigt auch die Herrenrunde am Stammtisch gerne. Immer schon hat Herr Zorzi zugepackt, wenn Not am Mann war oder eine Braut in Not geriet. Als vor einigen Jahren eine Hochzeitsgesellschaft in seiner Alm strandete, organisierte er nicht nur ein Hotelzimmer, sondern improvisierte auch eine Sänfte für die Braut, damit sie standesgemäß ins Quartier gebracht werden konnte. Der Tiroler erzählt gerne von seinen Erlebnissen. *»Jetzt muss ich aber wirklich kochen«*, verabschiedet sich der Hausherr schließlich. Denn die hungrigen Gäste kommen bald – die »Tiroler Alm« ist eines der letzten Lokale, bevor die Auhofstraße noch ein bisschen ruhiger und grüner wird und schließlich im Lainzer Tiergarten endet.

## Die Natur vor der Haustüre – der Lainzer Tiergarten

Der Vorgarten der Hietzinger hat 2.450 Hektar; teilen müssen sie ihn bloß mit ein paar Wildschweinen und dem einen oder anderen Radfahrer. Durch das Nikolaitor gelangt man von der

3. GRÄTZELTOUR

Auhofstraße nach wenigen Metern direkt in eines der größten Naturschutzgebiete Wiens – den Lainzer Tiergarten. Mitten auf der Wiese hat sich eine Familie zum Picknick niedergelassen, ein kleines Mädchen schaukelt. Sportler kommen hier auf ihre Kosten – Lauf- und Radwege sind gut ausgeschildert. Langweilig wird es einem aber auch beim Lustwandeln im Grünen nicht, denn zu sehen, hören und bestaunen gibt es vielerlei. Da das Zirpen der Grillen, hier die Spuren der rund 900 hier lebenden Wildschweine, die sich auf der Suche nach Wurzeln und Insekten durch das Unterholz wühlen, dort die kleine Nikolaikapelle, eines der ältesten erhaltenen sakralen Gebäude Wiens. Zu entdecken gibt es auch Historisches: unter anderem die Geschichte des »Armen Schluckers«. Im 18. Jahrhundert soll der Baumeister Philipp Schlucker die rund 22 Kilometer lange Mauer, die den Tiergarten auch heute noch umgibt, errichtet haben. Im Gegensatz zur Konkurrenz verlangte er dafür nur ein Sechstel des Preises. Die Bevölkerung war sicher, dass das zu seinem Bankrott führen würde und taufte ihn den »Armen Schlucker«. Nach fünf Jahren war der Bau jedoch zur vollsten Zufriedenheit des Kaiserhauses abgeschlossen, zum Dank wurde Schlucker sogar der Titel »Waldamts-Baumeister« verliehen.

Die »Hermesvilla«, die Kaiser Franz Joseph für Elisabeth errichten ließ, lohnt ebenso einen Besuch wie der Aussichtsturm auf der Hubertuswarte. Aber nicht immer war der Lainzer Tiergarten für alle frei zugänglich. Zu Zeiten der Monarchie diente er als kaiserliches Jagdgebiet, erst in Zeiten der Republik, ab 1919 wurde er für die breite Öffentlichkeit geöffnet. Als Naturschutzgebiet ist der Tiergarten Teil des »Biosphärenparks Wienerwald«,

Im Biosphärenpark lässt sich mit Leib und Seele entspannen. Die Sphärenklänge entstehen im Kopf dann wie von selbst.

deshalb wird hier auch besonderes Augenmerk auf die Naturschönheiten des Areals gelegt. Am Wald- und Naturlehrpfad können Kinder spielerisch ihre Umwelt kennenlernen, der Planetenweg führt durch ein maßstabsgetreu verkleinertes Sonnensystem. Auch die Tierwelt abseits der stadtbekannten Wildschweine ist durchaus beachtlich: So wurden unter anderem 13 verschiedene Fledermausarten beobachtet, neben Damhirschen und Rehen leben auch Mufflons hier. Um diese Vielfalt zu entdecken, braucht es vor allem eines: viel Zeit und Geduld.

# Unsere Lieblings-Spots im Grätzel:

### Matznergarten
Seit 2015 gibt es im Matznerpark einen Nachbarschaftsgarten. Er ist das ganze Jahr über Bühne für Workshops, Aktionen und Begegnungen. So macht soziales Miteinander richtig Spaß.
matznergarten.at

### KANT-INE VIER ZEHN
Hausmannskost, alles biologisch und frisch zubereitet – das findet man in der KANT-INE VIER ZEHN, einem sozialökonomischen Projekt, das Menschen über 50, die ihren Arbeitsplatz verloren haben, einen Job auf Zeit bietet, um ihre Chancen auf dem Arbeitsmarkt zu erhöhen.
1140, Goldschlagstraße 169
sargfabrik.at/Home/Kulinarik/Lokal-Bar

### Barista 14
Das Lokal ist im Wirtschaftspark Breitensee beheimatet. Dort trifft man auch viele Medienmenschen, die ihre Büros rundum haben und hier ihre Strategiebesprechungen abhalten.
1140, Goldschlagstraße 172
catering.wien/location/barista14/

### Café Dommayer
Hier kann man sich bei Kaffee- oder Teegenuss mit feinen Torten und Kuchen, ausgezeichnetem Konfekt, warmen Mehlspeisen oder Pikantem wie Sacherwürstel mit Senf und Kren verwöhnen lassen. Oder man genießt das umfangreiche Frühstücksangebot. Für Langschläfer gibt es ein Extra-Frühstück bis 15.00 Uhr.
1130, Dommayergasse 1
oberlaa-wien.at/standort-13/

### Plachutta Hietzing
Eine Anleitung, wie man den berühmten Tafelspitz, serviert im Suppentopf mit Beilagen wie Rösterdäpfel, Gemüse, Schnittlauchsauce und Apfelkren, richtig isst, gibt es auf der Website von Plachutta. Aber auch wer das nicht liest, wird großes Vergnügen daran haben.
1130, Auhofstraße 1
plachutta-hietzing.at

### La Grappa
Warum in die Toskana reisen, wenn es ihre Köstlichkeiten auch in der Auhofstraße gibt? Im Sommer lädt der große Gastgarten zum Verweilen ein.
1130, Auhofstraße 6A
lagrappa.wien

### Friseurgeschäft Ernst Peter Neumann
Ernst Peter Neumann garantiert Zufriedenheit bis in die Haarspitzen.
1130, Auhofstraße 115
epn.at

### Bäckerei Schwarz
Seit 1978 gehört zum Stammhaus in der Auhofstraße auch ein Café. Über 30 Brotsorten, viele Feinback- und Konditoreiwaren werden täglich mit besten Rohstoffen und Zutaten hergestellt. Das Café ist ein beliebter Treffpunkt für Jung und Alt.
1130, Auhofstraße 138
bswien.at

### Tiroler Alm
Tiroler und Wiener Küche. Allerdings etwas niedriger gelegen als die Almen in den Alpen.
1130, Auhofstraße 186A
facebook.com/tiroleralm1130

### Lainzer Tiergarten
Ein Stück Wienerwald am Rand der Großstadt. Die einmalige Kultur- und Naturlandschaft besticht durch einen Reichtum an Pflanzen und Tieren. Erholung und Erlebnis sind in dem 2.450 Hektar großen Areal garantiert. Das Gebiet befindet sich zwischen dem pannonischen Klima im Osten – Charakteristika sind hier hohe Temperaturen im Sommer sowie verhältnismäßig wenig Niederschlag – und dem ozeanischen Klima im Westen, dass sich durch geringe mittlere Jahrestemperaturen und größerer Jahresniederschlagsmengen auszeichnet.

Dank der vielen Attraktionen ließe sich im Lainzer Tiergarten locker eine Ferienwoche verbringen. Erwähnt seien hier nur der Planetenweg entlang der Mauer des Tiergartens mit Infotafeln zu den Planeten des Sonnensystems, die Hermesvilla, die Kaiser Franz Joseph I. für Kaiserin Elisabeth errichten ließ und die als Dependance des Wien Museums dient, die Nikolaikapelle, der Aussichtsturm Hubertuswarte oder der Wienblick von der Baderwiese. Die Gasthäuser Rohrhaus, Hirschgstemm und Café Hermesvilla sorgen zwischendurch für das leibliche Wohl.
1130, Nikolausgasse
Zugang u.a. über Nikolaitor

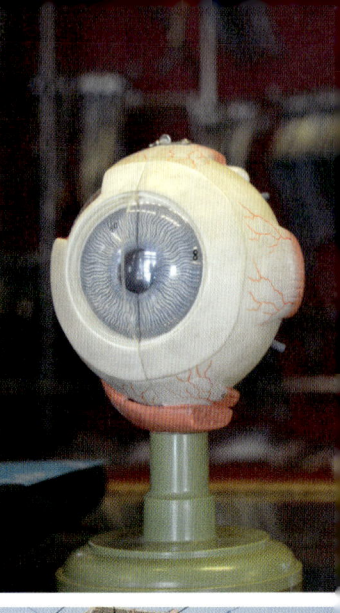

# 4. GRÄTZELTOUR

Westbahnhof ~ Felberstraße ~ Pelzgasse ~ Goldschlagstraße ~ Hackengasse ~ Märzstraße ~ Tannengasse ~ Markgraf-Rüdiger-Straße ~ Nibelungenviertel ~ »Schutzhaus Zukunft auf der Schmelz« ~ Alliogasse ~ Fröbelgasse ~ Hofferplatz ~ Thaliastraße ~ Brunnengasse ~ Yppenplatz ~ Josefstädter Straße ~ Albertgasse ~ Hebragasse ~ Kinderspitalgasse ~ Mariannengasse ~ Spitalgasse ~ Währinger Straße ~ Aumannplatz ~ Türkenschanzstraße ~ Sternwartepark

# 4. GRÄTZELTOUR

Westbahnhof ~ Felberstraße ~ Pelzgasse ~ Goldschlagstraße ~ Hackengasse ~ Märzstraße ~ Tannengasse ~ Markgraf-Rüdiger-Straße ~ Nibelungenviertel ~ »Schutzhaus Zukunft auf der Schmelz« ~ Alliogasse ~ Fröbelgasse ~ Hofferplatz ~ Thaliastraße ~ Brunnengasse ~ Yppenplatz ~ Josefstädter Straße ~ Albertgasse ~ Hebragasse ~ Kinderspitalgasse ~ Mariannengasse ~ Spitalgasse ~ Währinger Straße ~ Aumannplatz ~ Türkenschanzstraße ~ Sternwartepark
Reine Gehzeit: 2 Stunden

Gestartet wird mittendrin – im Gewusel des Westbahnhofs. Als verkommen und verfallen bezeichnete man einst abfällig die Grätzel rund um den Westbahnhof Wien. Seit der Revitalisierung des Verkehrsknotenpunkts im Westen von Wien blüht im 15. Bezirk – Rudolfsheim-Fünfhaus – eine neue, frische Lebenskultur auf. Da hört man dann so Schwärmereien wie »*Hierher kommen die Leute, die wenig Geld im Hosensack, aber viel Inspiration und Kreativität mitbringen. Sie sind flexibel, leben ihrer Zeit voraus und stecken mit ihrer unkonventionellen Art ihre Umgebung an*« oder »*Ich liebe dieses Grätzel, es hat Zukunft*«.

Der Westbahnhof, heute nur mehr für den Regionalverkehr verwendet, strahlt dank der riesigen Glasfront aus den 1950er-Jahren großstädtischen Flair aus

Mit der Renovierung und Neueröffnung 2010/11 erhielt der Westbahnhof nicht nur einen neuen optischen Look, sondern auch den längst fälligen Imagewechsel. Statt eintöniger Warte- und Abfertigungshalle mit qualitativ vernachlässigbarer Gastronomie, wenig Handel und mit gerade einmal ein paar Dienstleistern wie Friseurladen und Postfiliale, präsentiert sich das Gebäude heute als Mischung aus modern ausgestattetem Bahnhof und gut sortiertem Shopping-Center, das mit langen Öffnungszeiten aufwartet. Die BahnhofCity Wien West mit ihren rund 90 Geschäften, verteilt über drei Ebenen, kommt sowohl den Bedürfnissen der Reisenden, als auch denen der Rudolfsheimer und Fünfhausener sehr entgegen.

Bereits vor den Toren, am Europaplatz, sollte man die Architektur auf sich wirken lassen. Der historische Altbau verbindet sich auf gelungene Weise mit den modernen Seitenflügeln. Links und rechts der historischen Bahnhofshalle wurden achtgeschoßige Bauten an den Ecken zur äußeren Mariahilfer Straße und zur Felberstraße errichtet. Hier sind Büros, Dienstleistungsbetriebe und an der Ecke zur Felberstraße ein preisgünstiges Zwei-Sterne-

Hotel untergebracht. Der Bau gewann 2012 und 2013 die Wahl zum schönsten Bahnhof Österreichs. Seit 2015 ist der Westbahnhof, was den Bahnverkehr betrifft, nur mehr von regionaler Bedeutung, da alle Fernzüge der Österreichischen Bundesbahnen seitdem vom Wiener Hauptbahnhof verkehren. Die Südseite des Gebäudes, mit der unmittelbar daneben verlaufenden Mariahilfer Straße, stellt wie auch die U-Bahn-Linie U3 eine direkte Verbindung ins Zentrum der Stadt her.

Wir lassen noch kurz die Architektur der Bahnhofshalle und das rege Treiben auf uns wirken. Die Bahnhofshalle, das Herz des Westbahnhofs, steht unter Denkmalschutz. Sie entstand in der Zeit von 1950 bis 1954 nach dem Entwurf der Architekten Hartinger und Wöhnhart und blieb erhalten. Touristen mit schweren Koffern eilen durch die Gänge, eine Gruppe Jugendlicher nutzt die Halle als Treffpunkt. Mütter mit Kinderwagen spazieren plaudernd vorbei. Die Atmosphäre ähnelt der von großen Einkaufszentren: eine Mischung aus Handel, regional wichtigen Dienstleistern wie Friseur, Änderungsschneider, Schlüssel- und Schuhmeister sowie einem sozialen Treffpunkt für Jung und Alt, Anrainer und Reisende.

Wir verlassen den Bahnhof und gehen auf die Felberstraße, wo wir ein kurzes Stück stadtauswärts bis zum »Hotel Westbahn« an der Ecke Pelzgasse schlendern. Dort biegen wir ein und spazieren durch die ruhige Gasse. Kleine, hübsche, zweistöckige Häuser, viele geschmückt mit Blumen auf den Fensterbänken, säumen unseren Weg. Nach dem Trubel des Bahnhofs ist es hier angenehm beschaulich. Bei der Goldschlagstraße biegen wir links ein und schlendern diese bis zur Ecke Hackengasse entlang. Hier befindet sich die Konoba Pescaria. Wer Fisch und Meeresfrüchte mag, findet in diesem Lokal eine reiche Auswahl

Das Hotel Westbahn in der Felberstraßen erinnert an die alten Zeiten, als der Bahnhof noch der Ausgangspunkt für Fahrten in den europäischen Westen war

4. GRÄTZELTOUR

davon. Weiter geht es rechts in die Hackengasse. Auf der rechten Seite befindet sich eine wunderschön begrünte Fassade. Sie ist Teil des »Boutique Hotel Stadthalle«. Wer sich noch nicht im Westbahnhof mit Proviant eingedeckt hat, kann das in der Hackengasse erledigen oder sich seinen Gusto noch ein wenig für die kulinarischen Hotspots dieser Grätzelwanderung aufheben. Wir biegen links in die Märzstraße ein.

> Der harmlos anmutende Name der Märzstraße, der im ersten Moment an den Frühlingsbeginn und ein laues Lüfterl erinnern mag, hat seinen Ursprung in einem durchaus ernsten und dramatischen historischen Ereignis. Von Frankreich über Deutschland breitete sich im Jahr 1848 die bürgerlich-demokratische Revolution aus. In Wien bildete sich am 13. März eine große Demonstration für mehr Transparenz und Liberalität. Das Militär feuerte in die Massen, worauf Panik ausbrach. Es kamen 35 Menschen ums Leben, teils durch die Schüsse, teils weil sie erdrückt wurden. Die Opfer fanden ihre letzte Ruhestätte auf dem »Schmelzer Kommunalfriedhof«, der inzwischen nicht mehr existiert. Heute befindet sich dort der Märzpark mit der Wiener Stadthalle und einem Mahnmal für die Toten von 1848.

Für die Musikinteressierten gibt es in der Märzstraße einen Wiener Szenetreff – das Café Amadeus. Hier kann man Musik der unterschiedlichsten Stilrichtungen hören – vom hippen Gypsy Swing über Strizzi Rock bis zu Country Music.

Weil das aber erst abends möglich ist, folgen wir weiter der Märzstraße, queren die Tannengasse und gehen am »Reithofferpark«, benannt nach dem Gummiwarenfabrikanten und Erfinder des Kautschukgewebes Johann Nepomuk Reithoffer (1781–1872), entlang. Im Park herrscht ein buntes Treiben von spielenden

Kindern, die letzten Grätzel-Neuigkeiten austauschenden Eltern und von einigen Männern, die, versunken in ihre schwierige Aufgabe, Schach spielen. Auch hier gibt es die Möglichkeit, seine Trinkflasche am Trinkbrunnen im Park aufzufüllen. Weiter geht es, bis wir auf der rechten Seite zur Nummer 44 gelangen.

## Und es gibt ihn doch – den Wiener Greißler

Im Feinkostladen von Ünsal Yildiz wird man vom Duft der Süßspeisen und anderer Leckereien betört. Hier geht niemand ohne einen Einkauf hinaus.

Vor uns Ünsal Feinkost, der Lebensmittelladen von Herrn Yildiz, der mit der angrenzenden Bäckerei direkt verbunden ist. Ünsal Yildiz, Bäcker aus Leidenschaft, macht alles selbst. Fladenbrot, Bagels, Börek und Baklava – beste, frisch zubereitete Handarbeit. Betritt man das Geschäft von der Märzstraße her, wird man vom Duft der Süßspeisen, des Obstes und des frischen Fladenbrots betört. In den Regalen liegen getrocknete Maulbeeren, Granatäpfel, verschiedene Melonenarten, Passionsfrüchte und vieles mehr. In der großen Glasvitrine im vorderen Teil des Ge-

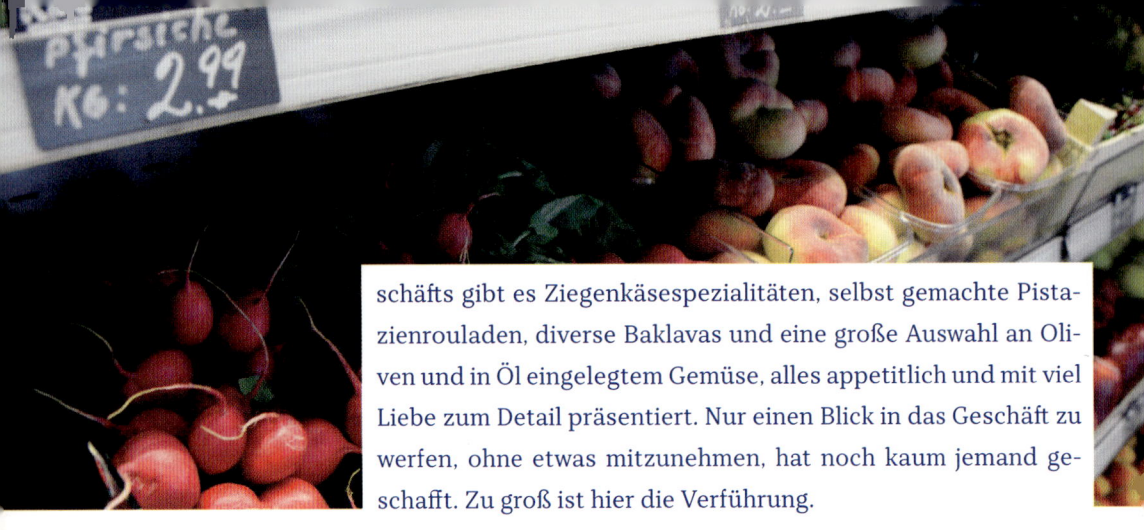

schäfts gibt es Ziegenkäsespezialitäten, selbst gemachte Pistazienrouladen, diverse Baklavas und eine große Auswahl an Oliven und in Öl eingelegtem Gemüse, alles appetitlich und mit viel Liebe zum Detail präsentiert. Nur einen Blick in das Geschäft zu werfen, ohne etwas mitzunehmen, hat noch kaum jemand geschafft. Zu groß ist hier die Verführung.

»Entschuldigen Sie, darf ich 'mal da her, zu dem schönen Obst?«, möchte eine Dame wissen, der wir im Weg stehen. Der Chef lächelt, unterbricht unser Gespräch und fragt, ob er ihr behilflich sein kann. Sie verneint, schwärmt über das so appetitlich angeordnete Obst, sucht sorgfältig aus und geht glücklich mit wunderschönen und, wie wir aus eigener Kauferfahrung wissen, wohlschmeckenden Früchten zur Kasse.

*»Meine Kunden wünschen den persönlichen Kontakt, legen auf kulinarische Besonderheiten viel Wert und kommen deshalb zu uns.«*

Obst und Gemüse werden hier seit 1993 durch Ünsal Yildiz von ihrer ansprechendsten Seite präsentiert. Seine Stammkunden kennt er per Namen, ebenso ihre genüsslichen Vorlieben und er weiß genau, was sie üblicherweise einkaufen. *»Meine Kunden wünschen den persönlichen Kontakt, legen auf kulinarische Besonderheiten viel Wert und kommen deshalb zu uns«*, so Ünsal. Die wegen der vielen Supermärkte schon ausgestorben geglaubte Institution des »Wiener Greißlers« hat hier eine schöne Auferstehung gefunden.

Wir kaufen auch gleich ein – schließlich sind wir doch schon einige Zeit unterwegs – und lassen uns ein paar Köstlichkeiten einpacken, bevor wir auf der Märzstraße zurück zur Tannengasse gehen, in die wir links einbiegen. Wir folgen ihr, bis wir rechts zur Hütteldorfer Straße gelangen. Dort wollen wir einem ganz besonderen Original einen Besuch abstatten.

## Danny DeVito von Wien

Wer den Hollywood-Schauspieler Danny DeVito in Wien treffen möchte, braucht sich nur in das Geschäft  an der Ecke Hütteldorfer Straße und Tannengasse zu begeben. Seine Kunden nennen ihn dort allerdings »Herr Natanow« und wissen gar nicht, dass er auch in Hollywood zugange ist. Aber vielleicht hat unser Star nur eine verblüffende Ähnlichkeit in seiner Art und im Aussehen mit dem Star aus den USA. Was Schamael Natanow aber besonders auszeichnet, ist seine Mehrsprachigkeit und seine herzliche Freundlichkeit.

Wer sehen will, wie Danny DeVito sich als Kaufmann macht, besucht »Waren aller Art« an der Ecke Hütteldorfer Straße und Tannengasse.

Schamael Natanow wurde 1944 in Samarkand, einer rund 350.000 Einwohner zählenden Stadt im heutigen Usbekistan (früher: Sowjetunion) geboren und verbrachte dort seine Jugend. 1972 reiste er als bereits verheirateter Mann mit seiner Frau und einem Kind nach Israel. Wie viele Bucharen wollte er dort ein neues Leben, ohne Angst vor Diskriminierung beginnen. Er wohnte mit seiner Familie in Aschdod, war neun Monate beim Militär und erlebte im Jahr 1973 den Jom-Kippur-Krieg mit. Zwar war er nicht in die Kämpfe involviert, half aber im Hintergrund nach Kräften. Schließlich aber wollte er – auch das verbindet ihn mit vielen seiner Landsleute – nicht in Israel mit den ihm fremden Lebensumständen bleiben. Wien kam seiner Erziehung und Kultur viel näher. Als er im Mai 1975 mit seiner Familie das Flugzeug besteigen wollte, hätte es fast Schwierigkeiten gegeben. Seine Frau war im neunten Monat schwanger. Sie wussten, dass keine Fluglinie eine Frau in diesem Stadium mitnehmen würde.

*»Am Abend, bis in die Nacht, habe ich bei der Schauspielerin Frau Topsy Küppers als Bediener, Chauffeur, Bühnentechniker und Schauspieler gearbeitet. Ich war der gute Geist des Theaters, habe alles erledigt. Ich habe sogar einmal in einem Kafka-Stück mitgespielt.«*

Da Frau Natanow jedoch von schmächtiger Statur war, glaubte man ihr, als sie vorgab, erst im sechsten Monat schwanger zu sein. Mit Hilfe dieser kleinen Notlüge konnte das Ehepaar die Flugreise von Israel nach Wien dann doch antreten. Zwei Wochen nach der Ankunft in Wien kam ihr zweites Kind zur Welt. Stolz betont Natanow, dass er bereits wenige Tage nach seiner Ankunft in Wien im »Tuchhaus Silesia« in der Vorlaufstraße zu arbeiten begonnen hat. Dort wurden Stoffe, Schneiderzubehör und Felle en détail verkauft und Schneidereibetriebe beliefert. Dann nahm er gleich noch einen zweiten Job an: »*Neben dieser Arbeit habe ich noch eine Arbeit gehabt. Am Abend, bis in die Nacht, habe ich bei der Schauspielerin Frau Topsy Küppers als Bediener, Chauffeur, Bühnentechniker und Schauspieler gearbeitet. Ich war der gute Geist des Theaters, habe alles erledigt. Ich habe sogar einmal in einem Kafka-Stück mitgespielt. Ja wirklich, ich habe mit Topsy in der Freien Bühne Wieden gespielt.*« Noch eine Analogie zu Danny DeVito, wenn auch seine Bühnenrolle nicht ganz so groß und prominent gewesen sein wird. Man könnte sagen, Herr Natanow war weltberühmt in ganz Wien.

»Ich hatte zwei Lohnkarten in dieser Zeit«, betont er. Von zeitig in der Früh bis zum Nachmittag arbeitete er im Tuchhaus, dann ab dem späteren Nachmittag bis tief in die Nacht hinein in der »Freien Bühne Wieden«. So ging das ungefähr zehn Jahre lang. Aber bereits nach rund sieben Jahren kaufte Natanow mit dem hart erarbeiteten und diszipliniert ersparten Geld ein Geschäft am Brigittenauer Hannovermarkt, wo er Obst und Gemüse verkaufte. »*Das war mein erstes eigenes Geschäft*«, wiederholt er stolz mehrmals hintereinander mit freudig glänzenden Augen. Weitere Aktivitäten folgten: Eine Tabak-Trafik im 6. Bezirk gemeinsam mit seiner Frau und der Einstieg in die Produktion von Jeans, dem allerdings kein Erfolg beschieden war. Immer waren

es mehrere Geschäfte, die er gleichzeitig und mit wachsendem Erfolg betrieb. 1982 übernahm er »Waren aller Art«, das Geschäft im 15. Bezirk. Es war ein ganz kleiner Laden, den er über 33 Jahren hinweg stetig erweiterte. Mit nun bereits rund 350 Quadratmetern und einer Länge von ungefähr 40 Metern nach hinten ist das Geschäft heute schon imponierend groß. Wenn Herr Natanow so weitermacht, wird er bald die 200 Meter entfernte Stadthalle erreicht haben und sein Sortiment noch mehr erweitern. Es gibt aber schon heute nichts, was Schamael Natanow in seinem Geschäft nicht führt, und von jedem Produkt hat er mehrere Varianten – von ganz billig über billig bis immer noch wohlfeil. Jeder Zentimeter Wand oder Bodenfläche ist genutzt, dicht sind Elektrogeräte, Werkzeuge, Töpfe, Kunststoffbehälter, Kluppen, Wolle, Geschirr und vieles mehr aneinandergereiht. Der einzige, der sich wirklich in dieser Fülle zurechtfindet, ist Herr Natanow selbst. *»Mischa, geh nach hinten, rechts oben sind die Pfannen. Die dunklen mit dem roten Griff. Nicht dort, nein, weiter unten«*, so dirigiert er seine Mitarbeiter, die bereitwillig ihrem stets freundlichen Chef folgen. Vielen seiner Kunden fällt erst angesichts der Warenfülle im Geschäft ein, was sie alles noch so brauchen könnten. Es ist eben einfach alles da. Und wenn es tatsächlich einmal einen nicht sofort erfüllbaren Wunsch gibt, notiert er die Telefonnummer des Nachfragers und besorgt das Produkt prompt. Man sagt, es gäbe nichts, was er nicht besorgen könne, oder: »geht nicht, gibt's nicht«.

Bei der Warenfülle fällt einem bestimmt noch etwas ein, was man brauchen könnte.

*»Fast 90 Prozent bin ich selber da, viele Kunden kennen mich. Und sie mögen mich. Wenn ich nicht da bin, fragen sie, wann denn der Papa da sein wird, gehen wieder und kommen erst, wenn sie sich mit mir beraten können«*, sagt Natanow verschmitzt auf die Frage, ob

er angesichts seines Alters an den Ruhestand denkt. Sein Sohn hat die Firma bereits übernommen, aber ans Aufhören denkt Schamael Natanow keineswegs. Sein Publikum ist bunt wie der gesamte 15. Bezirk. »*Ein Paket Kaffee, Chef*«, ruft ein Stammkunde und Natanow lässt ihm rasch das Gewünschte bringen. Der Handel mit Kaffee der eigenen Marke »Amigos« ist neben dem Verdienst aus dem Laden eine weitere gute Einnahmequelle. Der Kaffee wird schon seit 28 Jahren in Italien produziert und von Natanow nach Serbien, Bosnien, Ungarn und Kroatien weiterverkauft. Nicht nur seine Statur, sein verschmitztes Lächeln und das lebhafte Wesen lassen Vergleiche mit Danny DeVito zu, ebenso seine fabelhaften verbalen Fähigkeiten. Wie DeVito auch, beherrscht er mehrere Sprachen, als da wären seine in Usbekistan erworbene Muttersprache Persisch, dazu Hebräisch, Russisch, Serbokroatisch, Polnisch, Englisch, ein wenig Italienisch und natürlich Deutsch. Kein Wunder, dass sich Menschen unterschiedlicher Herkunft bei ihm so wohlfühlen. »*Viele der Leute, die hier wohnen, sind meine Stammkunden. Wir kennen uns schon lange*«, sagt Natanow nicht ohne Stolz.

Nach diesem Besuch überqueren wir die Hütteldorfer Straße und gehen durch eine mit Pappeln, Grünflächen und Bänken ausgestattete Allee. Sie teilt die **Markgraf-Rüdiger-Straße**. Auf dem Streifen ist immer viel los, im Schatten der Bäume wird geplaudert, junge Leute auf ihren Fahrrädern drehen ihre Runden, ältere Damen mit Hut und Herren mit Spazierstock schlendern des Weges einher. In das geschäftige Treiben mischt sich helles Lachen vom nahen Kindergarten am Platz.

Vor rund 100 Jahren wurde ein Teil des ehemaligen Exerzier- und Paradeplatzes auf der »Schmelz« verbaut. Im heutigen 15. Wiener Gemeindebezirk Rudolfsheim-Fünfhaus entstand ein neues

Grätzel, das »Nibelungenviertel«. Die vier- bis fünfgeschoßigen Bürgerhäuser, die damals errichtet wurden, spiegeln die Spätphase der »Wiener Secession« wider. Ganz im Gegensatz zum friedlichen Anspruch der Sezessionisten, der Wiener Jugendstil-Künstler, wurden den Gassen des Viertels Namen aus dem kriegerischen Nibelungenlied gegeben. Alberich, Brunhilde, Dankwart, Gunther, Giselher und Kriemhild sind hier unter anderem verewigt. Das Grätzel heißt folgerichtig Nibelungenviertel und beherbergte damals wie heute ganz sicher deutlich weniger Römer und Germanen als Menschen anderer Herkunft. Wie im Nibelungenlied, bildet auch im gleichnamigen Viertel Kriemhild, besser, der nach ihr benannte, von Pappeln gesäumte Platz, gemeinsam mit der Allee der Markgraf-Rüdiger-Straße den Mittelpunkt. Viele »Völker« leben im Grätzel friedlich zusammen.

Auf dem Kriemhildplatz machen wir Halt und besuchen links an der Ecke ein weiteres Zentrum des freundlichen Miteinanders, einen beliebten Treffpunkt der Grätzelbewohner – die Buchhandlung von Ulla Harms.

Die Buchhändlerin hat ihren Buchkontor nun schon seit 2009 an diesem Ort. Das »Buchkontor« ist seitdem stetig gewachsen und hat sich als die Institution für Bücher, ausgewählte Papierprodukte sowie als kultureller Treffpunkt mit regelmäßigen Lesungen und Veranstaltungen für Groß und Klein im Nibelungenviertel etabliert. Hier wird auf das Eindrucksvollste bewiesen, dass der Abgesang auf das Buch eine glatte Fehlmeldung darstellt.

Im Buchkontor herrscht eine lesefreundliche Stimmung. Hier lässt es sich schmökern, Kaffee trinken, um schließlich mit einem Stapel Bücher nach Hause zu gehen.

Im Kleingartenverein findet man die Sehnsuchtshäuser der Städter, die sich hier fühlen, als wären sie irgendwo am Lande, weit entfernt von der brausenden Urbanität.

»Es ist ein Super-Grätzel. Ich bin sehr froh, dass ich hier bin«, so Ulla Harms. Ursprünglich suchte sie nur ein Büro, eine Buchhandlung ist es letztendlich geworden.

## Viel Grün und Vogelgezwitscher wie am Land

Wir biegen an der Ecke der Buchhandlung links ab, spazieren den Kriemhildplatz entlang, nicht ohne immer wieder die schönen Bauten zu betrachten, und gehen weiter in die Guntherstraße. An ihrem Ende erreichen wir den Eingang des Kleingartenvereins Zukunft Schmelz. Hier lernen wir ein kleines Dorf mitten in der Stadt kennen. Das Areal des Kleingartenvereins hat alles, was man zum Verweilen benötigt: viel Grün, Vogelgezwitscher wie am Land, Spazierwege, Sitzbänke zum gemütlichen Sitzen und Schauen, Trinkbrunnen und mittendrinnen das Schutzhaus Zukunft auf der Schmelz.

Dieses Gasthaus mit seinem prächtigen, von großen Bäumen beschatteten Garten füllt sich mittags und abends mit Studierenden, die im Viertel wohnen und mit den Bewohnern der Kleingartensiedlung. Dazwischen sitzen Geschäftsleute im Anzug und junge Familien mit ihren kleinen Kindern. Hier herrscht das pralle Leben, ohne große soziale Grenzen und in schöner Harmonie. Bekannt ist das Schutzhaus aber weit über das Nibelungenviertel hinaus. Der langgestreckte Gastraum dient als Ort für viele Kulturveranstaltungen. Da werden die Tische aneinandergereiht, bis riesige Tafeln entstehen, an denen links und rechts das vergnügte Publikum Platz findet. Vor dem Kunstgeschehen werden Schnitzel und Bier serviert, wenn es klassisch zugehen

Im Schutzhaus Zukunft kann man all das essen, was die Wiener Küche zu bieten hat. Hier trifft man sich, lauscht den Klängen bei Konzerten und fühlt sich wohl.

soll, oder »Schutzhaus Burger mit Erdäpfelspalten«, Spareribs, Palatschinken und andere Wiener Spezialitäten aus der umfangreichen Speisekarte. Zu erleben gibt es hier Konzerte, einmal für Jung, einmal für ein bisschen älter, und auch Kabarett. Die Homepage des Schutzhauses zeigt die kulturelle Vielfalt. Wir genießen ein Rindersaftgulasch mit Nockerl. Nach dieser deftigen Pause ist es gut, dass wir noch ein Stück des Weges vor uns haben, um die körperliche Harmonie wieder herzustellen.

Wir gehen zurück in die Guntherstraße, biegen dann aber links in die Alliogasse ein und spazieren diese entlang. Die Alliogasse ist nach dem Barockbaumeister Donato Felice d'Allio (1677–1761) benannt. Auf der Höhe der Gernotgasse, die wir queren, stehen auf der linken Seite Gemeindebauten aus dem Jahr 1924 mit schönen Terrassen. Wir queren noch die Hagengasse, biegen rechts in die Gablenzgasse, um gleich wieder links in die **Fröbelgasse** einzubiegen. Wir befinden uns nun wieder am Ende der Allee der Markgraf-Rüdiger-Straße, deren Anfang bei der Hütteldorfer Straße wir heute schon begangen haben. In der Fröbelgasse gibt es alte dreistöckige Häuser mit schönen Hinterhöfen zu bewundern. Manchmal steht da oder dort eine Haustüre offen und man kann einen Blick hinein erhaschen. An der Kreuzung zur Herbststraße befindet sich an der Ecke ein sehr schönes Gebäude mit vielen Ornamenten und vier Figuren, die den darüberliegenden Stock zu tragen scheinen. Wir kreuzen die Koppstraße und gleich danach, auf Fröbelgasse 31, befindet sich wieder ein reich verziertes Haus. An der nächsten Ecke zur Hasnerstraße stoßen wir auf die Firma **»Heller Nähmaschinen und Reparatur«**. Die Firma J. G. Heller OG gilt heute als eine der letzten echten Fachbetriebe am Nähmaschinenmarkt in Wien. In der firmeneigenen Werkstatt werden Nähmaschinen und Bügelgeräte aller Marken und jeden Alters repariert. Allein das große Lager von Nähmaschinennadeln, Motoren und Ersatzteilen ist einzigartig.

Wir gehen weiter die Hasnerstraße entlang und biegen links in die Neumayrgasse ab, der wir jetzt ein Stück folgen. Wir passieren einen Fußballkäfig, einen Park mit Spielplatz und ein kleines Familienbad. Es handelt sich um das **Familienbad Hofferplatz**. Für alle, die Kinder auf unseren Ausflug mitgenommen haben, bietet sich hier eine ideale Gelegenheit zur Abkühlung oder schlicht zum Nachfüllen der Wasserflasche am Trinkbrunnen. Wo immer man in Wien Wasser nimmt, es ist von höchster Qualität und kann ohne Bedenken getrunken werden.

Ottakring zählt zu den ältesten Siedlungen im Wiener Raum. Die erste urkundliche Erwähnung geht auf eine Schenkung eines Weingartens in »Otachringen« an das Stift St. Peter in Salzburg, unter der Regierung von Erzbischof Eberhard (1150) zurück.

Ursprünglich sind die Siedler Ottakrings freie Bauern. Später werden sie, bis zur Abschaffung der sogenannten Erbuntertänigkeit im Jahre 1848, der Grundherrschaft des Stiftes Klosterneuburg (NÖ) unterstellt. 1890 beschließt der niederösterreichische Landtag, die eigenständigen Dörfer Neulerchenfeld und Ottakring, trotz heftigen Widerstands der Bevölkerung, mit Wien zu vereinen. Es entsteht der 16. Wiener Bezirk, der dann Ottakring benannt wird.

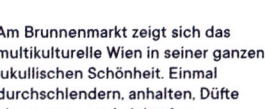

Am Brunnenmarkt zeigt sich das multikulturelle Wien in seiner ganzen lukullischen Schönheit. Einmal durchschlendern, anhalten, Düfte einsaugen – und einkaufen.

Wir sind angekommen in der **Thaliastraße**, dem »Melting Pot« Wiens. Verschiedene Kulturen treffen aufeinander, der Geruch von exotischen Gewürzen steigt einem in die Nase, man wähnt sich irgendwo im sommerlichen Süden. Hier folgen wir der Straße rechter Hand, bis wir links auf die **Brunnengasse** stoßen und uns ob der Vielfalt endgültig in Urlaubsstimmung befinden.

## Marktleben in Ottakring

Denn ab hier beginnt der Brunnenmarkt mit seinem bunten Treiben und kulinarischen Augenschmaus. Einen kleinen Markt gab es bereits 1830 in der Thaliastraße, der sich im Laufe der Zeit in Richtung Brunnengasse erweiterte. Mit rund 160 Marktständen ist der Brunnenmarkt heute, in Verbindung mit dem benachbarten Yppenmarkt, einer der größten ständigen Straßendetailmärkte Europas. Er gilt als der preisgünstigste Markt Wiens. Die Kooperation mit dem Yppenmarkt ist erst ein paar Jahrzehnte alt. Vorher gab es zwischen diesen beiden Märkten viele Jahre eine echte Rivalität.

Am Yppenplatz trifft man sich, plaudert, genießt und fühlt sich wie in einer anderen, kontemplativen Welt.

> Der österreichisch-niederländische Feldherr Simon Freiherr van Yppen erwarb 1762 eine Reihe von Äckern und Häusern auf dem heutigen Platz und errichtete ein Militärinvalidenhaus. Heute ist es ein Wohnhaus für Angehörige des Österreichischen Bundesheers.
>
> Das Gebiet wurde dann am Ende des 19. Jahrhunderts mit Zinshäusern bebaut. Die Gemeinde Ottakring erwarb einige Parzellen und errichtete einen Viktualienmarkt, der dem Brunnenmarkt in der Nachbargemeinde Neulerchenfeld Konkurrenz machen sollte. Als später die beiden Vororte zum 16. Bezirk vereinigt wurden, war die Rivalität zu Ende. In den 1970er-Jahren wurde der Yppenmarkt als Großmarkt aufgelassen und wuchs mit dem Brunnenmarkt zusammen.

Die Marktstände zeigen das bunte, multikulturelle Leben in Ottakring. So wurden auch eine Reihe von Filmen mit typisch wienerischem Flair hier gedreht wie etwa »Kebab mit Alles« oder »CopStories«.

Günstig einkaufen am Brunnenmarkt beziehungsweise Yppenmarkt. Gemeinsam sind sie einer der größten ständigen Straßendetailmärkte Europas.

4. GRÄTZELTOUR

Wir folgen der angenehm exotischen Würze, die in der Luft liegt. Es riecht nach Muskat und Liebstöckel, frischem Obst, feinem Fisch, frisch gebrautem marokkanischem Kaffee, nach picksüßem Baklava und Köstlichkeiten aus vieler Herren Länder. Hier ist es bunt, vielfältig und laut: Da spricht man Türkisch, dort schimpft man auf Wienerisch. Auf dem Platz unweit des Hernalser Gürtels blüht das Leben. Er ähnelt einer Mischung aus Naschmarkt und Bazar: Wer den »Melting Pot« New York mag, wird den Yppenplatz lieben.

Der vor einigen Jahren sanierte Brunnenmarkt – der Ursprung des Marktlebens in Ottakring – entstand 1786 im damaligen Wiener Vorort Neulerchenfeld, in der ehemaligen Elisabethgasse. An der Kreuzung mit der Neulerchenfelder Straße ließ Kaiser Joseph II. einen Auslaufbrunnen errichten, der an die Hochquellwasserleitung angeschlossen war, die vom Wienerwald zur Hofburg reichte. Diese sollte die Menschen mit sauberem Trinkwasser versorgen. Erst 1873 erhielt die Straße die amtliche Bezeichnung Brunnengasse. Der Brunnen selbst musste allerdings 1872 der neuen Pferdestraßenbahn weichen, nur der Markt blieb bestehen.

Mit dem Markt unter freiem Himmel, den vielen kleinen Kunstgeschäften und Galerien sowie einer stetig wachsenden Zahl an Restaurants und kleinen Schmankerlläden hat der Yppenplatz nicht nur das Herz vieler Touristen, sondern vor allem der Wiener Bevölkerung gewonnen – als Ort des Vergnügens, der Entspannung und der Kulinarik sowie als Lebensmittelpunkt. Immer häufiger siedeln sich vor allem junge Menschen – Studenten, Künstler, Alternativdenkende, Weltenbummler – rund um den Platz und seine angrenzenden Seitengassen an, um das Leben im 16. Bezirk in vollen Zügen zu genießen. Die um 2008 sanierten Wohnhäuser und Neubauten im Brunnenviertel werden dementsprechend gerne gemietet und gekauft. Die Ansiedelung eines jungen Publikums hat auch wertvolle wirtschaftliche Impulse gesetzt. War das Eck bis vor zehn Jahren noch vorwiegend von Wienern türkischer Abstammung bewohnt, hat die Aufwertung von Brunnen- und Yppenmarkt durch kreative Köpfe aller Nationen und ihre originellen Ideen innerhalb kürzester Zeit für eine frische Völkervielfalt gesorgt – ohne den Charme türkischer Geselligkeit und Lebenslust zu verlieren. Denn wenn dieses Flair verloren ginge, wäre ein wichtiges Stück der Identität der Märkte für immer dahin.

Immer frisches Gemüse und Obst in Hülle und Fülle. Und auch Fleischtiger kommen am Markt nicht zu kurz.

Eines der ersten Lokale am Platz war das Café C.I., das mit seinem sommerlichen Gastgarten rasch zum Treffpunkt für Menschen aus aller Welt wurde. Gleich nebenan ist das Frieda, wo man auch sonntags und feiertags fein brunchen, zu Mittag – oder Abend essen kann. Es gibt unter anderem feine Sandwiches, wohlschmeckende Burger und knackige Salate.

Ein absoluter Szenetreff ist das Café An-Do. Das architektonisch schlicht gestaltete Lokal mitten auf der Piazza erfreut sich stets voller Tische und glücklicher Gäste. Wer im Sommer am Samstag

vormittags auf einen freien Platz im Gastgarten hofft, muss fest an sein Glück glauben. Die Menschen frühstücken, plaudern über die Erlebnisse der vergangenen Woche, trinken noch einen Kaffee oder ein Glaserl Prosecco und sitzen und sitzen und sitzen, während die Kinder den Platz unsicher machen. Die Lokalbesitzer Ergün, Sezgin und Ibrahim Kilicdagi, drei Brüder türkischer Abstammung, gehören zu den Pionieren im »neuen Ottakring«. Begonnen hat die Erfolgsgeschichte eigentlich am Naschmarkt im 4. Bezirk, wo Ibrahim mit zwei Cousins das Lokal »An-Do« groß gemacht hat. Sein Gespür für die Entwicklungsregionen der Zukunft brachte ihn schließlich 2006 zum Yppenmarkt. Mit ihrem gastronomischen Konzept haben die Brüder das Bild am Platz wesentlich geprägt. Wer allerdings ausschließlich Döner, türkischen Kaffee oder Tee erwartet, wird enttäuscht. Die Kilicdagis servieren weltoffene und moderne Küche – mit einem Hauch von allem.

Der einzige Wermutstropfen am Yppenplatz: Es kann schwierig werden, einen Sitzplatz zu finden. Man wappne sich also mit Geduld, schlendere noch durch den Markt und komme wieder.

Und wie ist das Wetter? Stellt jemand diese Frage am Yppenplatz, dann ist höchstwahrscheinlich nicht eine tagesaktuelle meteorologische Betrachtung gemeint, sondern das Lokal von Raetus Wetter am oberen Ende des Yppenplatzes. In einem ehemaligen Waschsalon hat Wetter eines der spannendsten Restaurants der Stadt errichtet. Als ihm das Ecklokal im Brunnenviertel ablösefrei angeboten wurde, griff der Gastronom gleich zu, spürte er doch das Potenzial dieses Platzes mit seiner Dynamik und der fast greifbaren steten Veränderung.

Heute muss man Tage im Voraus reservieren, um einen Platz im Lokal zu erhaschen. Wetter kocht ligurisch, wie es nördlich der Alpen nicht häufig zu finden ist.

Ebenfalls italienisch, und ein wenig kroatisch, geht es im **La Salvia** zu: Es gibt Köstlichkeiten des Trentino und Istriens – Wein, Wurst und Pasta.

Und dann gibt es noch das **Wirr**, das unter anderem mit der Dachterrasse im Sommer und mit hausgemachten Limonaden punktet.

Die Chancen des neuen »Melting Pot« von Wien hat auch die Caritas Wien erkannt. »Integration und Kunst für alle« lautet der Leitsatz des Kunstsozialraums **Brunnenpassage**. Die Idee ist so einfach wie stimmig: Migranten und sozial benachteiligten Menschen soll über die Passage generationsübergreifend Zugang zu zeitgenössischer Kunst ermöglicht werden. Die Besucher sind aber nicht nur Publikum, sondern Künstler zugleich. Eine Reihe von Projekten fordert die Menschen auf, selbst künstlerisch tätig zu werden und sich zu präsentieren. Unter Leitung professioneller Schauspieler und Regisseure wird gemeinsam geprobt, produziert und auf der Bühne agiert.

> Wir stehen vor einer Litfaßsäule vor dem ehemaligen »Textilkaufhaus Osei«, das mit der Sanierung des Platzes nach seiner Gründerfamilie in »Dichter-Haus« umbenannt wurde. Es ist die Arlen-Litfaßsäule, ein Mahnmal für verfolgte Juden. Die Familie Dichter war im Zweiten Weltkrieg enteignet worden und musste vor den Nazis fliehen. Nun erinnert eine Gedenktafel an die tragische Geschichte der Familie Dichter und gibt ein Zeichen der Versöhnung mit den Enkeln des Kaufhausgründers – dem Musikkritiker und Komponisten Walter

Arlen und seiner Schwester Edith Arlen-Wachtel. Im neuen kulturellen Schmelztiegel Wiens mahnt die Säule nicht nur, sondern signalisiert auch das Motto, das am Yppen- und Brunnenmarkt hochgehalten wird: »Für die Chancen kultureller Vielfalt und heterogenen Miteinanders, wider Diskriminierung und Ausgrenzung.«

Das gelbe Häuschen mit den großen, einladenden Fensterfronten am Brunnenmarkt, Ecke Brunnengasse und Schellhammergasse ist nicht zu übersehen. Staud's steht in großen grünen Lettern an den Seitenfronten. Wir werfen einen Blick hinein. Die Gläser mit Konfitüren stehen schön geordnet im Regal, ebenso die Gemüsekonserven und die eingelegten Früchte und Kompotte. Zwischendrin, hinter einer Theke, plaudert Hans Staud mit einer Kundin. Der Unternehmer gehört zum Urgestein des Brunnenviertels – und ist ein Marktstandler durch und durch. Immer am Plaudern, meist freundlich, hin und wieder urwienerisch ein ganz klein wenig grantig. Anrainer wie Marktbummler schätzen seinen Schmäh, seine liebenswerte Art. Zwar agiert der Chef des Unternehmens »Staud's« Wien längst nicht mehr in ei-

> »Meine Mitarbeiter wohnen zu 70 Prozent in der Umgebung und können zu Fuß zur Arbeit gehen.«

nem traditionellen offenen Stand, aber Luft und Leben am Brunnen- und Yppenmarkt wollte er niemals missen. Auf die gerne gestellte Frage, warum er als inzwischen erfolgreicher Unternehmer just dort sei, meint Staud: »*Weil das immer so war. Wir sind seit 1885 ein Gemüsehandel, seit 1895 ist genau an dieser Stelle ein Gemüsemarkt. Wien ist außerdem meine Heimat, meine früheste Kindheit habe ich hier verbracht. Ich wohne, arbeite und verbringe meine Freizeit in Ottakring. Meine Mitarbeiter wohnen zu 70 Prozent in der Umgebung und können zu Fuß zur Arbeit gehen.*« Außerdem befindet sich in unmittelbarer Nähe – in der Hubergasse – die kleine Fabrik der Stauds. Hans Staud liebt Ottakring – mit all seinen Ecken und Kanten, Verrücktheiten, dem multikulturellen Flair. Der Brunnenmarkt sei sein Grätzel, sagt er voll Überzeugung. Von hier bringe ihn niemand weg. 120 Jahre Familiengeschichte hängen an diesem Ort. Jeden türkischen Standler in der Umgebung kennt er beim Namen, ist auf Du und Du mit ihnen, umgekehrt schätzt jeder seine Erfahrung, Staud genießt seine Stellung als Leitfigur des Marktgeländes. Und der Erfolg gibt dem Geschäftsmann recht. Seine Produkte gehen weg wie die warmen Semmeln. Geheimnis sei keines dahinter. Die Delikatessen von Staud sollen den Gaumen erfreuen – und zwar mit dem puren Geschmack der Frucht. Eine Marille soll nach Marille schmecken, die eingelegten Gurken nicht in Konservierungsmitteln ertränkt, sondern mit den Aromen feiner Kräuter und Gewürze verfeinert werden. Die Originalität in den Produkten kommt dabei nicht zu kurz. Bunte Vielfalt spiegelt sich auch bei der Be-

legschaft wider. Das offene Klima hat in der kleinen »Feinkost-Fabrik« eine lange Tradition – bereits seit rund 40 Jahren wird bei »Staud's« Integration tagtäglich gelebt.

Die Wiener Spielplätze werden von Kindern jeglicher Herkunft geliebt. Hier lässt sich Freizeit im sozialen Miteinander verbringen.

Man sollte einfach den Yppenplatz einmal umrunden und die Diversität auf sich wirken lassen. Auch der Spielplatz beweist Mannigfaltigkeit. Fußball, Volleyball, Tischtennis, Basketball – kein Problem. Darüber hinaus gibt es noch einen Kleinkinder-, Kinder-, Jugend-, Sandspiel- und Wasserspielplatz, zwei Trink- und einen Zierbrunnen.

Von der Gaulacherstraße kommend, biegen wir rechts in den Lerchenfelder Gürtel ein. Wir überqueren den Gürtel und befinden uns nun im 8. Bezirk, in der Josefstädter Straße. Auf diesem Abschnitt gibt es einige Lokale. Wir gehen die Josefstädter Straße entlang, bis wir linker Hand auf die Albertgasse stoßen. Dort schlendern wir am Café Hummel, einer Wiener Institution, vorbei. Gleich nach dem »Hummel« stehen zwei Häuser mit je nur einem Stockwerk und hübschen Fassaden, eine Rarität in einer Stadt, die um Wohnraum ringt. Am Eck, wo wir die Florianigasse kreuzen, in der Albertgasse 39, ist das Koinonia, ein Restaurant, das sich der Fusionsküche mit Elementen aus der koreanischen, japanischen und thailändischen Küche verschrieben hat. Im Sommer gibt es gleich vor dem Lokal einen schönen Gastgarten. In einer ehemaligen Druckerei, ein paar Schritte weiter, befindet sich ein Altwarengeschäft namens In der alten Zeit, das einen kurzen Abstecher lohnt. In der Albertgasse, an der Ecke zur Laudongasse, steht neben dem bereits legendären Lokal Wäscherei, in dem man wunderbar brunchen kann, ein Haus mit prachtvoller Fassade.

4. GRÄTZELTOUR

Am Isisbrunnen stimmen wir uns mit Mozarts Lied des Sarastro »O Isis und Osiris« ein: »O Isis und Osiris, schenket der Weisheit Geist dem neuen Paar. Die ihr der Wandrer Schritte lenket, stärkt mit Geduld sie in Gefahr!«

Auf der anderen Seite, in der Laudongasse 46, sehen wir Cookies, den Kinderkochsalon von Sandra Klaper. Mädchen und Buben im Alter von eineinhalb Jahren bis ins Pflichtschulalter können hier auf sie zugeschnittene Kochkurse besuchen. Gleich daneben ist eine Greißlerei mit kleinem Sitzgarten vor dem Lokal. Wir schlendern die Albertgasse weiter, vorbei am Pho Mr. Lam, einem Lokal mit vietnamesischer Küche, bis wir am Albertplatz mit seinem kleinen Spielplatz und Brunnen mit Göttin Isis und zwei wasserspeienden Löwenköpfen ankommen. Der denkmalgeschützte Isisbrunnen ist der einzige aus Gusseisen gefertigte Brunnen der Stadt und stammt aus dem Jahr 1833.

Nachdem wir die Alser Straße gekreuzt haben, stoßen wir auf die Kinderspitalgasse, der wir bis zur Mauthnergasse stadteinwärts folgen, um dann in diese links einzubiegen und am Ende auf die Mariannengasse zu stoßen.

## Mariannengasse – kleine Gasse mit geschichtsträchtigen Gebäuden

Wer schon einmal operiert wurde, verdankt den scharfen Messern und Instrumenten von Carl Reiner den sauberen Schnitt.

Auf der rechten Seite hat die Carl Reiner GmbH ihren Sitz. Es ist ein Unternehmen im Bereich der Medizintechnik für Diagnose und Therapie, das auf eine mehr als hundertjährige Tradition zurückblicken kann. Ganz in der Nähe befindet sich eine zum Betrieb gehörende Manufaktur für chirurgische

Instrumente. Heinrich Reiner, dessen Großvater das Unternehmen gegründet hat, schätzt die Nähe zum Allgemeinen Krankenhaus und zu anderen, im Grätzel befindlichen Spitälern: »*Die Lage ist echt ideal, auch wenn der Auszug des Allgemeinen Krankenhauses aus dem heutigen Campus-Bereich ein kleiner Nachteil ist.*«

Früher gab es einen Direktverkauf von Instrumenten im Geschäftslokal im Haus Mariannengasse 17, der heute nur mehr Ausstellungsraum ist. Aus der Auslage schaut uns ein großes Auge unbeweglich an. Pinzetten, Messer und auch das anatomische Modell eines menschlichen Schädels zieren das Geschäft. In alten Vitrinen und Kästen liegen Schätze aus längst vergangenen Zeiten, darunter so manches Operationsbesteck aus der Vorkriegszeit, mit dem man heutzutage lieber nicht operiert werden will. Heinrich Reiner verkauft allerdings ausschließlich auf dem letzten Stand der Medizin basierende Instrumente und Geräte. So beliefert er unter anderem Kunden in Russland, Polen, Deutschland und in den skandinavischen Ländern mit modernen Beatmungsgeräten.

## Wendeltreppe aufs Baumhaus

Wir gehen weiter zu Haus Nummer 12. Durch das Haus gelangt man in den Viktor-Frankl-Park an der Rückseite der Gebäude. Die Attraktion des Areals ist neben den Eschen, Winterlinden, Eichen und Rosskastanien ein Baumhaus, das über eine Wendeltreppe erreichbar ist. Der rund 3.000 Quadratmeter große Park soll Kinder zum freien, kreativen Spielen anregen und ein gemütlicher Begegnungsraum mitten in der Stadt sein.

Ein solches Baumhaus lässt uns an die Kindheit denken. So was hätten wir alle gerne gehabt ...

Namensgeber des Parks ist der in Wien geborene Neurologe und Psychiater Viktor Frankl, der die Frage nach dem Sinn des Lebens in das Zentrum seiner Arbeiten stellte. Er begründete die Logotherapie und wollte mit seinen Erkenntnissen dazu beitragen, das Leiden als Teil des Lebens zu werten und damit erträglich zu machen. »*Das Leiden, die Not gehört zum Leben dazu wie das Schicksal und der Tod. Sie alle lassen sich vom Leben nicht abtrennen, ohne dessen Sinn nachgerade zu zerstören. Not und Tod, das Schicksal und das Leiden vom Leben abzulösen, hieße, dem Leben die Gestalt, die Form nehmen. Erst unter den Hammerschlägen des Schicksals, in der Weißglut des Leidens an ihm, gewinnt das Leben Form und Gestalt.*« Viele lebensüberdrüssige Menschen haben Viktor Frankl zu verdanken, dass sie neuen Sinn in ihrem Leben erkannten.

Ein Stück weiter befand sich früher die Poliklinik. Sie hat als »Elisabethinum« durch Arthur Schnitzler literarischen Ruhm erlangt. In seinem »Professor Bernardi« schildert er die borniert Verblendung in den bürgerlichen Kreisen seiner Zeit. Schnitzlers Vater Johann war Mitbegründer und einer der Direktoren der Klinik, Arthur Schnitzler selbst arbeitete dort als Arzt. Nach der Schließung des Spitals wurde Anfang der 2000er-Jahre der Althausbestand sorgfältig saniert und neue Gebäude wurden errichtet. Neben exklusiven Wohnungen befindet sich hier nun auch ein Zentrum für Reflux-Medizin. Die medizinische Versorgung ist in diesem Stadtteil tatsächlich allgegenwärtig.

Hier arbeitete Arthur Schnitzler als Arzt, was dem Haus bis heute einen großbürgerlich-offenen Eindruck verleiht.

Die unscheinbare, kleine Gasse weist also einige geschichtsträchtige Gebäude auf. Auf Hausnummer 4–6 befand sich viele Jahre hindurch die Direktion der Wiener E-Werke, die später im Unternehmen »Wien Energie« aufgingen. Viele Wiener erinnern sich noch an Besuche im ehrwürdigen Haus, wo man Anträge auf Versorgung mit Strom abgab oder sich die Stromrechnung erklären ließ. Vor dem Krieg hatte ein eigener Fußballverein der E-Werksdirektion hier seinen Sitz, und auch eine der drei Werkskapellen der Wiener E-Wirtschaft traf sich dort zu Proben und pflegte ein geselliges Beisammensein im Rahmen der Blasmusik.

Wir gehen von der Spitalgasse links abbiegend die Alser Straße entlang und betreten den Campus auf Höhe Nummer 4. »Saluti et solatio aegrorum«/»Zum Heil und Trost der Kranken«, der Widmungsspruch aus dem Jahr 1784 – und der entschlossen dreinblickende Dr. Theodor Billroth mit aufgekrempelten Hemdsärmel und fest verschränkten Armen begrüßen uns. Ihm verdanken wir die moderne Bauchchirurgie. Heute jauchzen vor seinem Denkmal kleine Kinder und krabbeln auf ihren Bäuchen durch den Sand. Die große ehemalige Krankenhausanlage mit Anfängen im 17. Jahrhundert wurde zum Campus für Studierende umfunktioniert. Es gibt auch eine Spielecke für Kinder, und vielen Erwachsenen sind die Höfe des Alten AKH beliebter Treffpunkt für entspannte Stunden nach der Arbeit.

Das Alte AKH bietet weitläufigen Platz für Spaziergänge, angenehmes Sitzen in der Sonne und einen besonders attraktiven Kinderspielplatz.

4. GRÄTZELTOUR

*Wer gut studiert, soll auch nett sitzen. So ungefähr könnte das Motto der reich vorhandenen Gastronomie im Alten AKH lauten.*

Der Großteil des Lebens im weitflächigen Grünbereich des Alten AKH spielt sich im ersten Hof ab. In der Stiegl-Ambulanz treffen wir eine Gruppe von Studierenden, die hier oft zusammensitzen: »Wir kommen teilweise aus Kärnten und aus Oberösterreich«, sagt uns die Lehramtsstudentin Andrea, »und freuen uns, wenn wir uns hier in Wien inmitten einer Grünfläche treffen und plaudern können.« Andrea ist zufrieden, in diesem hippen Teil von Wien gelandet zu sein.

## Nichts Süßes: der »Guglhupf«

*Der Narrenturm wurde in Wien wegen seiner Form rasch zum »Guglhupf«. Rosinen gab es dort aber nicht, eher unmenschliche Behandlung.*

Im Alten AKH finden sich einige Sehenswürdigkeiten. Politisch unkorrekte Wiener pflegen zu einem verwirrt scheinenden Menschen zu sagen: »*Gleich kommst in den Guglhupf.*« Diese Bezeichnung verdankt der sogenannte Narrenturm seiner äußeren Form, die in ihrer speziellen Rundbauweise besagter Wiener Mehlspeise ähnelt. Heute beherbergt das Gebäude ein Museum – die Pathologisch-anatomische Sammlung –, das vom Naturhistorischen Museum Wien be-

trieben wird. Auf der Homepage lesen wir, dass »*der Narrenturm, als er 1784 fertig gestellt wurde, die erste Anstalt Europas war, die ausschließlich zur Behandlung Geisteskranker errichtet wurde. Damals unterschied man zwischen verschiedenen Krankheitsformen wie Melancholie, Tollheit oder Unsinnigkeit. Heilungsversuche unternahmen die Ärzte mittels Aderlass, Brechmitteln oder Ähnlichem um die Säfte des Körpers ins Gleichgewicht zu bringen.*« Glücklicherweise ist die Medizin heute doch schon etwas weiter, und es wird mit dem Begriff der Geisteskrankheit weniger Schindluder getrieben.

## Erinnerung

Im Hof 6 des Alten AKH befindet sich eine kleine Synagoge, die 1903 im neugotischen Stil erbaut, während des Novemberpogroms 1938 schwer beschädigt und in den Nachkriegsjahren in einen Transformatorraum umgebaut wurde. Die Universität Wien veranlasste um die Jahrtausendwende eine Neugestaltung. Auf dem Boden des früheren Bethauses ist unter einer Glasplatte ein vergrößerter Architekturplan des Grundrisses zu sehen, der die ehemaligen Sitzplätze in Originalgröße zeigt. Heute dient das Gebäude auch der Erinnerung an die Vielzahl jüdischer Ärzte, die zum guten Ruf der medizinischen Forschung in Wien beigetragen haben.

## Medizin im Universitätsbräuhaus

Zurück im 1. Hof lädt das Universitätsbräuhaus zum Verweilen ein, ein Hotspot im an Lokalen reichen Alten AKH. Die Medizin, die heute hier serviert wird, schmeckt ungleich besser als Aspirin und Hustensaft.

Ein paar Schritte weiter, beim Ausgang zur Spitalgasse, befindet sich die Fachbuchhandlung Facultas am Campus, die sich dem Studienangebot im Alten AKH entsprechend auf Sprach- und Geisteswissenschaften spezialisiert hat.

*»Grüß' Sie, Herr Doktor!«*

*»Was darf es sein, Frau Medizinalrat?«*

Die Gegend rund um die Spitalgasse, ihre Fortsetzung im 8. Bezirk, die Lange Gasse und die umliegenden Straßenzüge sind reich an Arztpraxen und medizinischen Einrichtungen. In den Geschäften werden die Kunden daher gerne zur Sicherheit mit »Grüß' Sie, Herr Doktor!« oder »Was darf es sein, Frau Medizinalrat?« angesprochen. »Nutzt's nix«, so der Wiener pragmatisch, »so schad's nix.« Einem guten Kunden ist eben auch gute Ehre zu erweisen.

Nun haben wir noch einen längeren Weg vor uns, bis wir wieder ausgedehntere Pausen machen. Wir gehen, den Campus verlassend, links die Spitalgasse entlang, vorbei an der Universitätsbuchhandlung für Medizin, Pflege und Gesundheit an der Ecke Spitalgasse/Gießergasse, sehen dort über unseren Köpfen einen auffälligen Dachaufbau und gelangen schließlich vorbei am Arne-Carlsson-Park zur Währinger Straße.

Der Arne-Carlsson-Park, benannt nach Arne Karlsson (richtige Schreibweise), einem Mitarbeiter der schwedischen Hilfsorganisation Rädda Barnen, die Lebensmittel an die hungernde Wiener Bevölkerung verteilte, ist mit rund 12.500 Quadratmetern eine der größten Parkanlagen des 9. Wiener Gemeindebezirks Alsergrund.

Dort am Eck befindet sich eine Filiale der Konditorei Aida, die die Wiener seit Generationen mit ihren wunderbaren Mehlspeisen verführt. Wir biegen nach links, stadtauswärts in die Währinger Straße ein und schlendern die geschäftige Straße dahin. Hier gibt es viele kleine Lokale. Auf der Höhe der Exnergasse, links, stehen wir vor einem alten Ziegelbau. Es ist das ehemalige Technologische Gewerbemuseum – heute das WUK. Hier finden sich Kultur, Werkstätten und Lebensraum auf 12.000 Quadratmeter. Ein Blick in den Innenhof oder ein Drink im Stadtbeisl sind zu empfehlen.

Wieder auf der Währinger Straße, passieren wir rechter Hand die Volksoper, links Zum süßen Eck, ein altes Schokoladengeschäft mit ausnehmend witzigen Verpackungen.

Das nächste Stück ist etwas schwierig. Wir kreuzen den Währinger Gürtel, bleiben aber auf der Währinger Straße und gehen unter der U-Bahn-Trasse durch. Wir kommen zum Kutschkermarkt. Er liegt auf der linken Seite, unmittelbar vor den Standeln ist ein kleiner Brunnen. Es folgen noch viele kleinere, größere, neue und alte Geschäfte, bis wir auf der linken Seite zum Schubertpark gelangen. Dieser Park, mit einer Fläche von rund 14.000 Quadratmetern, befindet sich auf dem Areal des ehemaligen Währinger Friedhofs (geweiht 1769). Er war Grabstätte von Ludwig van Beethoven, Franz Schubert, dem Maler Johann Baptist Lampi, Alma von Goethe – einer Enkelin Goethes – und der Hofschauspielerin Antonie Adamberger. Auch Johann Nestroy und Franz Grillparzer wurden auf dem Währinger Ortsfriedhof begraben. Währing entwickelte sich in der Mitte des 19. Jahrhunderts immer stärker zur Kleinstadt, die Stadt rückte dem Friedhof näher und näher und bald war er von Häusern umgeben. 1924 bis 1925 wurde er schließlich in eine Parkanlage umgewandelt. Lediglich ein Gräberhain mit rund 40 historisch wertvollen Biedermeier-

Wunderschöner Innenhof im WUK. Dicht bewachsene Ziegelsteinfassaden und Kunst im Hof.

4. GRÄTZELTOUR

Grabmälern blieb erhalten. Heute präsentiert sich der Park als Oase im Stadtlärm. Er ist umgeben von schönen alten Häusern, hat uralten Baumbestand, eine Liegewiese, einen Spielplatz mit Holztieren, zwei große Ballspielplätze, eine schöne Hundefreilaufzone und den Gräberhain. Bei Rücksprache mit der Abteilung der Wiener Stadtgärten können Parkbesucher den versperrten Hain besichtigen.

Konfekt, Nougats, Marzipangebilde, Schokolade-Maroni und Gelees – was könnte uns mehr erfreuen?

Nach einer kurzen Pause in dieser »Insel« zwischen den Häusern gehen wir wieder die Währinger Straße entlang stadtauswärts, bis wir linker Hand auf die Confiserie Eibensteiner stoßen. Die »schokoladene Auslage« auf Nummer 135 zieht uns förmlich hinein, und da stehen wir nun vor der Vitrine und können uns gar nicht genug sattsehen. Konfekt, Nougats, Marzipangebilde, Schokolade-Maroni und Gelees – es fällt echt schwer, sich zu entscheiden. All die Köstlichkeiten werden im benachbarten 17. Bezirk hergestellt. Wir wollen es genau wissen und fragen nach, wie die feinen Schokolade-Maroni erzeugt werden. Die Erläuterung macht verständlich, warum das Produkt derart fein schmeckt: Zuerst werden Edelkastanien in einem großen Kessel weichgekocht, sorgfältig händisch geschält und aussortiert. Kein dunkler Fleck darf auf der Nussfrucht zu sehen sein, nur makellose Exemplare werden schlussendlich zu Schokolade-Maroni weiterverarbeitet. Hohe Qualität und die Tatsache, dass ohne jegliche Konservierungsmittel produziert wird, sind hier oberstes Prinzip. Die Früchte werden nach der händischen Auswahl in einer Maschine passiert und mit Zucker vermischt. Auch Farbstoffe werden keine zugesetzt. Deshalb auch die kurze Haltbarkeit von nur drei Tagen. Nach der Modellierung werden die Maroni noch mit feiner belgischer Schokolade überzogen und für die Auslieferung verpackt. Die Edel- oder auch Esskastanie ist ein hochwertiges Nahrungsmittel. Sie ist glutenfrei, basisch und weist einen geringen Fettgehalt auf. Mit ihrem hohen Anteil an Vitaminen C und E ist sie eine gesunde und gleichzeitig sättigende Mahlzeit. Neben den »berühmten« Eibensteiner Maroni, die in vielen Confiserien Wiens zu finden sind, gibt es eine weitere Spezialität des Hauses – das »Liliput Konfekt«, das in verschiedenen Verpackungen wie kleinen Kommoden, Reisekoffern oder Kassetten angeboten wird. Eine Besonderheit stellt auch die eigene Marzipan- und Nougatherstellung dar.

Weil Maroni auch als Brainfood gelten und geeignet sein sollen, die Hirnleistung zu stärken, ist es nicht verwunderlich, dass so mancher Professor und Studierende der Astronomie sich zur Stärkung bei Eibensteiner versorgt. Schließlich ist der Sternwartepark, wo Physik, Mathematik und Sternenkunde zu Hause sind, aus astronomischer Sichtweise sowieso nur einen Sternensprung weit entfernt.

Nach der süßen Stärkung gehen wir weiter zum Aumannplatz, unserer vorletzten Station.

Der Aumannplatz, benannt nach dem Währinger Pfarrer Ignaz Aumann (um 1816–1896), liegt in Währing, dem 18. Wiener Gemeindebezirk, unweit des Sternwarte- und des Türkenschanzparks. Die Fassaden der um die Jahrhundertwende erbauten Häuser am und rund um den Aumannplatz haben es uns angetan. Es lohnt, sich ihnen intensiver zu widmen, den Blick auch 'mal nach oben schweifen zu lassen und einfach innezuhalten, ob der Pracht des Cottageviertels.

Ein Symbol der Pracht des beginnenden 20. Jahrhunderts markiert den Aumannplatz.

Gleich am Anfang des Platzes befindet sich das **Aumann**. Eine schöne Gelegenheit, eine Pause mit Café Latte und einem Blueberry Cheesecake im Glas zu machen und sich dem Treiben am Platz hinzugeben.

Wir gehen den Aumannplatz stadtauswärts auf der rechten Seite entlang. Bevor wir auf die Türkenschanzstraße stoßen, statten wir **12 Munchies**, einer kleinen, hübschen Bakery einen Besuch ab. Das kulinarische, vorwiegend süße Programm umfasst Cupcakes, British Scones, American Cheesecakes, Tartes und Quiches. Eine täglich wechselnde warme Köstlichkeit lädt zur feinen Mittagspause ein.

Wir biegen rechts in die **Türkenschanzstraße** ein.

> Die sogenannten Türkenbelagerungen von 1529 und 1683 liegen zwar schon ordentlich lange zurück, aber ihre wahren und erfundenen Heldengeschichten prägen bis heute das Erzählgut der Wiener Stadt. Was genau in dieser Straße und dem Türkenschanzpark an »türkischen Geschehnissen« passiert ist, weiß man heute nicht mehr genau.
>
> Einerseits vermutet man, dass sich 1683 hier eine Schanze des türkischen Heers befunden hat, andererseits wurde der Name »Türkenschanz« bereits auf einer topografischen Darstellung aus dem Jahr 1649 gefunden. War es also doch die erste Türkenbelagerung von 1529?
>
> Jedenfalls war weder die eine noch die andere Belagerung erfolgreich, sodass die Wiener bis heute ihren eigenen Heldenmut feiern, als wäre der große Sieg gestern gewesen.

Vor uns liegt der Eingang zum Sternwartepark an der Ecke Türkenschanzstraße/Sternwartestraße. Verwunschen, verwachsen und verwildert ist er – der Sternwartepark im 18. Wiener Gemeindebezirk. Ein interessantes Biotop mitten im städtischen Gebiet mit mehr als hundert Pflanzen- und Holzarten, gut versteckt hinter dicken roten Ziegelmauern. Oben auf dem Hügel, ungefähr in der Mitte des rund 60.000 Quadratmeter großen Areals, befindet sich die Universitätssternwarte, eine der beiden Sternwarten, die das Institut für Astronomie der Universität Wien betreibt. Die zweite Sternwarte, das Leopold-Figl-Observatorium für Astrophysik, mit dem größten Spiegelteleskop Österreichs, befindet sich im Wienerwald auf dem Mitterschöpfl. Der Park wurde im Zuge der Errichtung des Instituts angelegt. Heute ist der zum größten Teil verwilderte Park ein Naturjuwel mit seltenen Pflanzen und Tieren und zählt zu den Naturdenkmälern Wiens. Geschützte Tierarten, wie beispielsweise der Hirschkäfer, haben in diesem Grünbereich ihre Heimat. Über 130 Jahre lang konnte sich die Natur hier beinahe ungestört entwickeln. Viele Jahre war der Park nur für Studierende, Lehrende, Forscher und Besucher des Instituts für Astronomie zugänglich. Seit 2013 ist er, wenn auch mit Einschränkungen, für Besucher geöffnet. Es gibt fixe Eintrittszeiten und Schilder zeigen Wege an, die nicht betreten werden dürfen, weil das Biotop für die Tiere erhalten bleiben soll. Auch Radfahren und das Mitnehmen von Hunden ist nicht erlaubt, aber das versteht sich bei einem solchen Naturdenkmal wohl von selbst.

## Über Sterne und Bücher

Wir betreten die Sternwarte und treffen den Universitätsprofessor für Astronomie, Franz Kerschbaum, zu einem Gespräch. Er zeigt uns das Museum der Astrophysik, in welchem Bücher, zurückgehend bis zur zweiten Hälfte des 15. Jahrhunderts, also aus der Frühzeit des Buchdrucks zu finden sind. Die Astronomie wurde bereits rund 20 Jahre nach Gründung der Universität Wien ab 1386 gelehrt. Die alten Bücher sind wertvolle Zeitdokumente. Sie enthalten Ergänzungen, Notizen und Rechenbeispiele von den Forschern, die mit ihnen gearbeitet oder in ihnen gelesen haben. Das ist heute für die historische Forschung ein wahrer Schatz.

Astrophysik wird seit dem 14. Jahrhundert gelehrt. Sie ist bis heute eine moderne Wissenschaft in rasanter Entwicklung.

Man kann erkennen, wie die Menschen vor über 600 Jahren gedacht haben und welches Weltbild sie hatten. Im Hauptwerk von Nikolaus Kopernikus »De revolutionibus orbium coelestium« (lateinisch für »Über die Umschwünge der himmlischen Kreise«) steht auf der Titelseite, dass dieses Buch anlässlich der Immatrikulation zum juridischen Studium eines jungen Studiosus namens Pittner gespendet wurde. So wurden scheinbar ehedem die Studiengebühren bezahlt. In der Bibliothek befindet sich ein dänisches Werk, dessen Buchdeckel aus hundert Flugblättern hergestellt wurde, die ursprünglich als Nachricht des Königs an sein Volk gedacht waren. Diese sparsame Verwendung von Papier, heute würde man von Recycling sprechen, zeigt wie wertvoll Papier in früheren Zeiten war. Die Sternwarte wurde 1883 eröffnet. Professor Kerschbaum erzählt uns, dass Kaiser Franz Josef I. die Eröffnung vorgenommen hat und ist überzeugt davon, dass der Monarch auch bei dieser Zeremonie zumindest gedacht, wenn nicht gesagt hat: »*Es war sehr schön, es hat mich sehr gefreut.*«

Wer hier durchblickt, spürt die Sehnsucht nach den Sternen und dem unbekannten All.

## Geschichte der Universitätssternwarte

1874 wurde der Grundstein für die Sternwarte auf dem Hügel der Türkenschanze gelegt. Architekten des imposanten Gebäudes waren Ferdinand Fellner und Hermann Helmer. Das großzügige Bauwerk mit seinen Ausmaßen von 101 Meter Länge und 73 Meter Breite wurde in Kreuzform errichtet und war damals mit seinem 68-cm-Refraktor international unter den Sternwarten an erster Stelle. Am 5. Juni 1883 wurde die wissenschaftliche Einrichtung im Beisein von Kaiser Franz Joseph I. feierlich ihrer Bestimmung übergeben. Auch heute noch sind die Universitätssternwarte auf der Türkenschanze und das Institut für Astrophysik der Universität Wien ein Zentrum astronomisch-astrophysikalischer Forschung in Mitteleuropa. Die zentralen Forschungsgebiete sind die Erforschung von frühen Galaxien, die Entstehung von Sternen und die Endstadien der Sternenentwicklung bis hin zur Erforschung potenziell »bewohnbarer Welten«. Mehr als 2.000 Besucher kommen jährlich zu den allgemein zugänglichen Veranstaltungen des Instituts.

Der 68-cm-Refraktor in der großen Kuppel der Sternwarte – sie hat einen Durchmesser von 14 Metern – wurde von Grubb in Dublin gebaut und ruht auf einem vom Gebäude gesondert fundamentierten Stativ. Zum Zeitpunkt der Fertigstellung war er das größte Linsenfernrohr der Welt. Der Blick in die Weiten des Alls löst in den meisten Menschen ganz eigene Gefühle der Sehnsucht und der Neugierde aus. Wir fragen Professor Kerschbaum, wie es ihm denn gehe, wenn er in die Unendlichkeit schaut und ob ihn ein Gefühl der Wehmut überkomme, weil wir doch so alleine im Weltall sind. Seine Antwort rückt alles ein wenig zurecht: »Wehmut ist vielleicht das falsche Wort – Demut ist es. Wir nehmen uns dann nicht ganz so wichtig. Wenn man sich diese Dimensionen vergegenwärtigt, dann wird einem klar, dass manche Probleme, die wir persönlich, die wir in der Gesellschaft haben, klein sind. Was nicht heißt, dass sie nicht wichtig wären. Aber wenn man die Erde von außen betrachtet, das tun nämlich die Astronomen, dann wird klar, wie verletzlich das Ganze ist.«

So schließen wir diese Wanderung, die uns zu vielen irdischen Sehenswürdigkeiten gebracht hat, hier ab, wo die kleine Stadt auf dem kleinen Planeten eng mit dem großen Weltall verbunden ist.

»Wenn man sich diese Dimensionen vergegenwärtigt, dann wird einem klar, dass manche Probleme, die wir persönlich, die wir in der Gesellschaft haben, klein sind.«

»Wenn man die Erde von außen betrachtet, dann wird klar, wie verletzlich das Ganze ist.«

# Unsere Lieblings-Spots im Grätzel:

### Café Amadeus
Gute Bier- und Whiskey-Auswahl, Live-Musik.
**1150, Märzstraße 4**
cafeamadeus.at

### Ünsal Feinkost
Hier bekommt man herrliches Obst, eine feine Auswahl an Humus, eingelegten Oliven, Schaf- und Ziegenkäse und wunderbare Süßspeisen. Frisches Gebäck am Sonntag ist kein Problem – Ünsal Feinkost hat geöffnet.
**1150, Märzstraße 44/5**

### Buchkontor
Die Buchhandlung hat sich als Nahversorger für Bücher und als Treffpunkt mit regelmäßigen Lesungen und Veranstaltungen im Nibelungenviertel etabliert.
**1150, Kriemhildplatz 1**
buchkontor.at

### Schutzhaus Zukunft
Großer, schöner, mit Kastanienbäumen gesäumter Gastgarten.
**1150, Zugang über Gablenzgasse Kleingartenverein Zukunft Schmelz**
schutzhaus-zukunft.at

### J. G. Heller OG
### Nähmaschinen und Reparatur
Die letzten echten Fachleute, wenn es um Näh- oder Stickmaschinen geht. In der hauseigenen Meisterwerkstatt werden Industrie- und Haushaltsgeräte wie Nähmaschinen, Bügelgeräte und Schneidemaschinen repariert.
**1160, Hasnerstraße 34**
heller.at

### Café C.I.
Eines der ersten Lokale am Yppenplatz und gemütlicher Treffpunkt für Menschen aus aller Welt.
**1160, Payergasse 14**
ci.or.at

### Frieda
Kleines feines Lokal mit Gastgarten – wunderbar um zu brunchen, eine Mittagspause einzulegen oder den Tag ausklingen zu lassen.
**1160, Payergasse 12/4**
cafefrida.at

### Café An-Do
Großes, schönes, lichtdurchflutetes Lokal im Zentrum des Platzes. Hier gibt es Frühstück von 8.00–16.00 Uhr.
**1160, Brunnenmarkt 169**
cafeando.at

### Wetter
Unabhängig vom Wetter spielt im ehemaligen Waschsalon Wetter eine wichtige Rolle, gemeint ist Raetus Wetter, der wunderbar ligurisch kocht.
**1160, Payergasse 13 (Ecke Weyprechtgasse)**
wettercucina.at

### La Salvia
Hier steht Kulinarisches aus Triest und Istrien im Mittelpunkt – feine Pasta, köstlicher Prosciutto und edler Wein.
**1160, Yppenplatz Marktstand 139, (Ecke Weyprechtgasse/ Schellhammergasse)**
lasalvia.at

### Wirr
Internationale Küche. Von der Dachterrasse aus hat man einen wunderbaren Blick auf das bunte Markttreiben.
**1160, Brunnenmarkt, Stand 157**
facebook.com/Wirr-am-Brunnenmarkt-830701193742448/

### Staud's
Seit 1947 fixe Einrichtung am Yppenmarkt, der Pavillon der Familie Staud. Wunderbare Konfitüren und feine Gemüsedelikatessen.
**1160, Brunnenmarkt (Ecke Brunneng./Schellhammerg.)**
stauds.com

### Café-Restaurant Hummel
Gusto auf eine Schinkenrolle mit Ei & Gurkerl oder ein Sardellen-Butterbrot? Kein Problem. Und dann gibt es da noch eine große Auswahl an in- und ausländischen Tageszeitungen, Magazinen und Journalen. Täglich bis 23.30 Uhr geöffnet, Frühstück bis 14.00 Uhr und Küche bis 23.00 Uhr.
**1080, Josefstädter Straße 66**
cafehummel.at

### Wäscherei
Nicht Waschtag, sondern Brunch-Time heißt es an jedem Samstag, Sonn- und Feiertag, immer von 9.00–16.00 Uhr.
**1080, Albertgasse 49**
die-waescherei.wien

### Zum süßen Eck
Ein Altwiener-Zuckerlgeschäft mit einer enormen Auswahl an Lakritze, Schokoladen, Zuckerl und Pralinen. Da feiert die Kindheit Wiedergeburt.
**1090, Währingerstraße 65**
suesseseck.at

# 5. GRÄTZELTOUR

Servitengasse ~ Friedensbrücke ~ Gaußplatz ~ Scholzgasse ~ Augarten ~ Donaukanal entlang bis Franzensbrücke ~ auf der anderen Seite bis Schwedenplatz retour

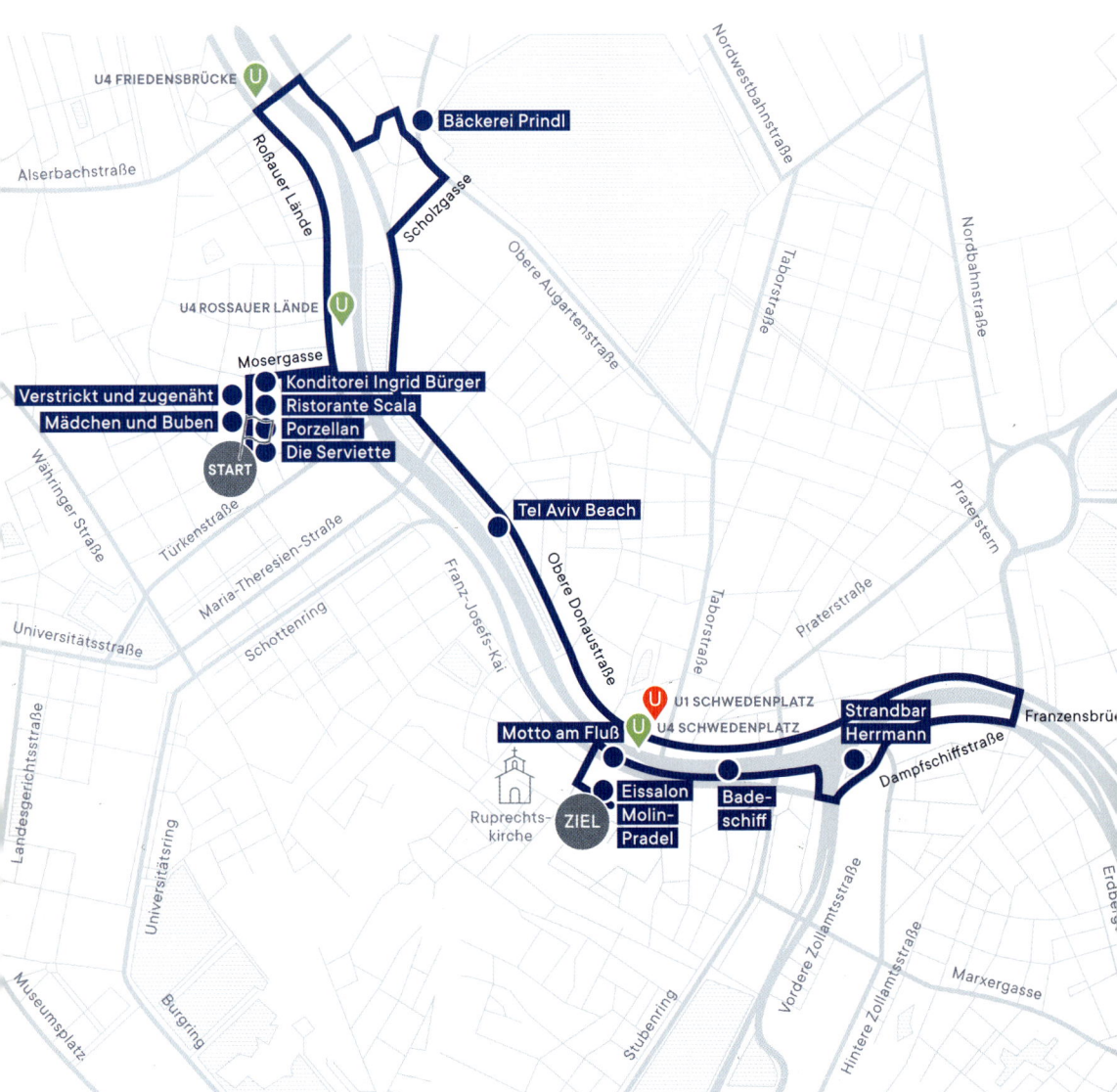

# 5. GRÄTZELTOUR

Servitengasse ~ Friedensbrücke ~ Gaußplatz ~ Scholzgasse ~ Augarten ~ Donaukanal entlang bis Franzensbrücke ~ auf der anderen Seite bis Schwedenplatz retour
Reine Gehzeit: 1 Stunde 15 Minuten

Los geht's! Wir starten unsere fünfte Grätzelwanderung in der Servitengasse. Zu erreichen vom Karlsplatz mit der U2 (Richtung Aspernstraße), Haltestelle »Schottentor« und dann circa zehn Minuten Fußweg bis zur Gasse – oder direkt mit dem D-Wagen.

## Zwischen Kulinarik und Handwerk

Unter den Wipfeln der Linden und den barocken Türmen der Servitenkirche hat sich in den letzten Jahren ein reiches Angebot an individuellen Geschäften und kulinarischen Genüssen aufgetan. Egal, ob Schokolade oder Häkelnadel: Hier zählt das Handwerk.

Betritt man die schmale Servitengasse über den Jörg-Mauthe-Platz, wo der D-Wagen klingelt und ständig Autos vorbeiströmen, ist es die Ruhe an diesem Ort, die einen als Erstes überrascht. Bäume säumen die Gasse. Auf Parkbänken haben es sich Mütter mit

Auf Du und Du mit den Nachbarn – die dörfliche Atmosphäre ist für jeden Besucher des Servitenviertels wahrnehmbar.

Kinderwagen gemütlich gemacht und tratschen, Studenten und Geschäftsleute nutzen ihre Mittags- oder Kaffeepausen, um unter einem der großen Schattenspender durchzuatmen. Da und dort wird geplaudert. Eine starke dörfliche Struktur ist hier sofort wahrnehmbar – Nachbarn grüßen sich über die Straße hinweg, vor einem Geschäft sitzt eine junge Frau auf einem Hocker mitten auf dem Gehsteig und telefoniert. Auch die Restaurant- und Cafébesitzer haben den Wert ihres Grätzels bereits erkannt: Beinahe vor jedem Lokal finden sich Tische, die meisten betreiben einen kleinen Schanigarten. Sessel an Sessel stehen gleich am torähnlichen Beginn der Servitengasse die Tische des Lokals Die Serviette, des edlen Porzellan und des Ristorante Scala, wo man der einhelligen Meinung der Passanten zufolge die beste Pizza des Bezirks, wenn nicht Wiens bekommt. Trotz der Vielfalt und dem Treiben auf der Gasse sollte man aber nicht vergessen, den Blick ab und zu nach oben zu richten, um die Pracht der Häuser bewundern zu können.

> Ihren Namen trägt die Servitengasse nach dem italienischen Servitenorden, dessen Mitglieder sich im 17. Jahrhundert auch in Österreich niederlassen wollten. Zunächst bezogen die Brüder des Bettelordens nur ein Haus mit dem dazugehörigen Stadl, mit der kaiserlichen Erlaubnis kauften sie ein Haus dazu und begannen mit der Errichtung des Servitenklosters.

Ein bisschen klösterliche Ruhe und meditative Stimmung ist auch heute noch geblieben: Nur selten wird die fast ländlich wirkende Idylle durch ein zufahrendes Auto gestört, spielende Kinder und Mütter mit Kinderwagen bilden eindeutig die Mehr-

heit. Der ideale Ort für Mädchen und Buben, dem wir einen kurzen Besuch abstatten. Hier werden ökologische Spielsachen aus Holz und Wolle mit Charme, fernab von Barbie und Co. verkauft. Das Unternehmen hat klein angefangen und wurde nach und nach ausgebaut. Inzwischen kommen treue Kunden aus ganz Wien und teils sogar aus Niederösterreich, um die Schätze des mittlerweile gar nicht mehr so kleinen Ladens zu bestaunen. Holzspielzeug gibt es hier in allen Varianten: Plüschgiraffen, bunte Stoffwürfel, Mobiles, Kräne und Handpuppen. Eben alles, was das Kinderherz begehrt und mit dem die Erwachsenen auch noch gerne spielen würden. Die klassische Produktpalette findet man hier nicht, sondern vielmehr Spielzeug, das man anderswo nicht bekommt.

Wir schlendern weiter und wenden unseren Blick immer wieder 'mal nach oben, um die schönen Fassaden der um die Jahrhundertwende erbauten Häuser zu bestaunen. Aber auch die Schaufenster der zahlreichen Gassenlokale sollte man nicht aus den Augen lassen. In der Ausgestaltung der Geschäfte und Lokale kann man die Begeisterung der Eigentümer spüren, die ihr ganzes Herzblut in ihr Projekt stecken. So etwa im Blumengeschäft eBosco – Blumen wecken Sinne, das an schönen Tagen den Garten nach draußen trägt und so den Gehsteig zum hübsch dekorierten Schaufenster macht. Caffè a casa, das seit 2010 die Bewohner mit frisch gebrühten Kaffeespezialitäten versorgt, gibt es Arabica-Bohnen aus aller Welt, von Brasilien über Costa Rica bis nach Indonesien. Hier kann man Kaffee einkaufen oder eine ausgewählte Mischung, frisch gemahlen und zubereitet sofort genießen. Als nahezu einzige

In den zahlreichen Straßenlokalen lässt sich's gut rasten und den Flair des Viertels auf sich wirken lassen.

Hier gibt der Ausblick einen guten Einblick, was sich im Servitenviertel an buntem Treiben abspielt. Dazu ein Snack, ein Getränk – Herz, was willst du mehr?

»Der Kaffee steht bei uns im Vordergrund, sonst gibt es hier eigentlich nichts. Für hartnäckige Verweigerer machen wir ab und zu einen Tee.«

Dekoration dient in dem weiß-modern eingerichteten Lokal eine große Röstmaschine. »*Der Kaffee steht bei uns im Vordergrund, sonst gibt es hier eigentlich nichts. Für hartnäckige Verweigerer machen wir ab und zu einen Tee*«, schmunzelt der Barista. Ab acht Uhr morgens läuft die Kaffeeversorgung. Damit die Kunden den Kaffee auch in der Sonne genießen können, gibt es den einen oder anderen Sessel vor der Türe des Lokals. Denn hier wird Straße als öffentlicher Raum verstanden und entsprechend ausgiebig genutzt. Wer Hunger hat, ist in der Suppenwirtschaft, einem Mittagslokal, gut aufgehoben. Feine Suppen ohne künstliche Aromen, Farbstoffe und Geschmacksverstärker.

In der Servitengasse wird auch der Lust am Handwerk gefrönt, und zwar mit Nadel und Faden. Im Verstrickt und zugenäht auf Nummer 7 hat man den aktuellen Trend zur Handarbeit erkannt und bietet ein breites Sortiment an Wolle, Knöpfen, Bändern, Garnen und Reißverschlüssen an. Vom Stricken zuhause und hinter verschlossenen Türen will man hier jedoch nichts wissen. Es soll gemeinsam gestickt, gehäkelt und gestrickt, aber auch Kaffee getrunken, gefachsimpelt und getratscht werden. Vorbildung braucht es keine, vom blutigen Anfänger bis hin zum professionellen Handschuhdesigner ist jeder willkommen.

Eine weitere gastronomische Institution wartet auf hungrige Grätzelwanderer: der legendär-lauschige Gastgarten vom Servitenwirt, mit Blick auf die Servitenkirche. Früher gehörte er zum Servitenstüberl, wo Erhard Eisenbock über 25 Jahre lang Wiener Spezialitäten servierte. Inzwischen ist das Lokal zum Servitenwirt geworden, die Wiener Küche und der Schanigarten sind jedoch geblieben.

Gegenüber, in der La Pasteria auf Nummer 10, wird der Schanigarten gerade frisch gedeckt, die Gartenmöbel kurz abgespritzt. Xerxes Panzenböck setzt auf Nachverfolgbarkeit seiner Produkte, die er oft auch aus ungewöhnlichen Ecken zusammenträgt. »Wir wollen kein reiner Handelsumschlagsplatz sein, sondern mehr Philosophie und Ideologie in das Essen bringen«, erklärt er.

Den Blick nach oben nicht vergessen – sieht man doch überall wunderschöne Fassaden, die Geschichte erzählen.

Wir gehen ein Stück weiter in die Konditorei von Ingrid Bürger. Die Konditorei mit ihrem kleinen Kaffeehaus-Bereich und dem Schanigarten zählt längst zu den Institutionen der Servitengasse. Hier wird Kaffee getrunken und Kuchen gegessen. Anna Paar hat sich an diesem heißen Tag ein Eis gegönnt. Sie lebt seit 15 Jahren in dem Grätzel. »Ich bin wahnsinnig gerne hier«, erzählt sie. Sie schätzt vor allem die Ruhe, die gute Atmosphäre und die Linden auf der Straße. Entwickelt habe sich die Servitengasse in den letzten Jahren nur zum Besseren: »Es ist noch schöner hier geworden. Ich bin dankbar, dass ich hier wohnen darf.« Bis auf einen Bäcker und einen Lebensmittelnahversorger sind sämtliche Geschäfte und Lokale in der Servitengasse unabhängige Individualbetriebe, oft Familienunternehmen. Egal, wen man hier fragt, die Antwort ist fast immer dieselbe: »Es gibt einfach eine gute Nachbarschaft.«

5. GRÄTZELTOUR

Schokoholics sind hier genau richtig, wenn sie feinste Pralinen, herrliche Tafelschokoladen, einfach das Besondere suchen.

Nachdem ja Schokolade glücklich macht, machen wir noch einen Schwenk zur Schokoladenmanufaktur Xocolat in der Servitengasse 5. Ingwerstangerl, Orangenstangerl, Marillenknödel, Powidltascherl, Kir Royal oder Salzkaramell – es gibt kaum eine Praline, die man in der Xocolat Schokoladenmanufaktur nicht findet. Viele verschiedene Sorten gibt es hier, dabei setzt das Unternehmen auf Handwerk bis ins kleinste Detail. Gerade laufen die ersten Mousse au Chocolat-Pralinen vom Band und erhalten ihren Überzug aus dunkler Schokolade und Bitterschokoladestreuseln. Seit 2001 gibt es Xocolat, seit 2011 befindet sich die Manufaktur mit dem kleinen angeschlossenen Verkaufsraum in der Servitengasse. Mit maschineller Unterstützung werden die hohlen Schokoladekörper in Handarbeit gefüllt, mit Schokolade verschlossen und schließlich überzogen und dekoriert.

Wir erfahren, dass das wahre Geheimnis der Schokoladeherstellung in der Temperatur liegt. Wird die Schokolade erhitzt, bilden sich Kristalle. Davon dürfen nur die guten überbleiben, das sorgt dann im kühlen Zustand für den besonderen Schokoladenglanz. Erst da entscheidet sich, ob gut gearbeitet wurde. Darauf haben vor allem die Stammkunden einen wachsamen Blick, die hier in der Servitengasse die deutliche Mehrheit ausmachen. Durch die großen Schaufenster

142

kann man auch von der Straße direkt in die Manufaktur schauen. Xocolat ist aber nicht nur für seine Pralinen bekannt, auch die Schokoladezigarren – wahlweise mit Whiskey, Rum oder Nougat – sind eine Spezialität der Manufaktur. In der kleinen Schokoladeboutique gibt es außerdem allerlei bunt dekorierte Tafeln mit eingelassenen Erdbeeren, Streuseln oder Nüssen. In die Xocolat-Produkte dürfen nur natürliche Rohstoffe, Konservierungsmittel gibt es hier keine.

Schlendert man die Servitengasse wieder gegen Norden stadtauswärts, erblickt man schon von Weitem auf der linken Seite ihr Herzstück: Die Türme der Servitenkirche »Maria Verkündigung« ragen über die Dächer der umliegenden Häuser hinaus. Der barocke Bau thront inmitten eines lauschigen, reichlich begrünten Platzes. Kinder spielen Fangen, zwei ältere Damen haben sich für einen Nachmittagstratsch im Schatten der Bäume niedergelassen. Eine Bank weiter sitzt eine junge Mutter mit ihrem Baby auf dem Arm.

Könnte auch eine Piazza irgendwo im Süden sein – lauschiger Platz und vorbeiflitzende junge Dame auf einer Vespa.

Schon im 17. Jahrhundert erhielt der italienische Servitenorden von Kaiser Ferdinand III. die Erlaubnis, ein Kloster zu errichten. Wurde zunächst nur eine hölzerne Notkirche geweiht, folgte am 11. November 1651 die Grundsteinlegung für den steinernen Prachtbau, der zum Vorbild für viele weitere berühmte Barockkirchen Österreichs, wie etwa die Karlskirche auf der Wieden, werden sollte. Im Jahr 1677 waren die Bauarbeiten und die Innenausstattung abgeschlossen, nach und nach wurden auch die beiden Kirchtürme sowie die Peregrini-Kapelle ergänzt.

Heute ist »Maria Verkündigung« die Kirche der Pfarre Rossau, hier finden nicht nur die regulären Messen, sondern jeden Sonntag auch ein Pfarr-Café statt. Auch Barockinteressierte und Touristen zieht der Bau an: Neben der barocken Architektur selbst ist vor allem die Pietà (etwa aus dem Jahr 1470) auf dem Schmerzensaltar die größte Sehenswürdigkeit. Unter ihm befindet sich das Grab des Fürsten Octavio Piccolomini, Gegenspieler von General Wallenstein im Dreißigjährigen Krieg und einer der prominentesten Unterstützer des Kirchenbaus. Sein Wappen findet sich nicht nur am Altar, sondern auch über dem Eingang der Kirche wieder.

## Forschen und Gedenken – jüdische Bezirksgeschichte

Ida Köllner, Erich Neubauer, das Ehepaar Emil und Melanie Goldschmidt: 462 Schlüssel, lose am Boden verstreut und mit Namensschildern versehen, symbolisieren das Gedenken an die jüdischen Bewohner der Servitengasse, die Opfer des Nationalsozialismus wurden. Vor dem »Anschluss« Österreichs an das Deutsche Reich und der Machtübernahme der Nationalsozialisten war der Alsergrund, neben der Leopoldstadt und der Brigittenau, der Wiener Bezirk mit der höchsten Anzahl jüdischer Bewohner. Neben der Synagoge in der Müllnergasse hatten hier auch mehrere Bethäuser sowie das jüdische Altenheim und der – heute noch erhaltene –

Der markante rote Ziegelbau der Rossauer Kaserne ist vom gegenüberliegenden Ufer des Donaukanals gut sichtbar.

Friedhof in der Seegasse ihren Platz. Alleine in der Servitengasse waren 61 Geschäfte auf jüdische Besitzer gemeldet, zwölf Häuser gehörten jüdischen Familien. Das Forschungsprojekt »Servitengasse 1938« begab sich 2008 auf die Spuren der Vertriebenen und Ermordeten, denn mehr als die Hälfte der Bewohner der Servitengasse waren vor dem Zweiten Weltkrieg jüdischer Herkunft. In Zusammenarbeit mit den Bewohnern der Gasse, einzelnen Überlebenden sowie Historikern wurde den Fragen nach ihrem Leben, ihrem Beruf sowie ihrer Geschichte nachgegangen. Die Ergebnisse setzte die Künstlerin Julia Schulz in den Schlüsseln gegen das Vergessen um. Auch in der Servitengasse Nummer 6 erinnert eine schlichte Gedenkplatte an das Schicksal der Bewohner dieses typischen Rossauer Miethauses. 27 Menschen wurden von hier deportiert, vertrieben oder ermordet: »Eine Hausgemeinschaft wurde auseinandergerissen. Die Opfer sollen niemals vergessen werden.«

Wir biegen rechts in die Grünentorgasse ab, gehen bis ans Ende, wo wir auf die Roßauer Lände stoßen. Würden wir rechts weitergehen, kämen wir zu einem Gebäude, das viel Angst und Schrecken verbreitet hat: die Rossauer Kaserne . Wir sehen sie dann später aus der Ferne, vom anderen Ufer aus.

5. GRÄTZELTOUR

Der markante rote Ziegelbau entstand als Reaktion auf die 1848er-Revolution. Die Innenstadt, und damit die Herrschaftszentrale des Kaisers, sollte vor aufmüpfigen Bürgern geschützt werden. Es folgten keine weiteren Aufstände mehr, jedoch wurden die Erbauer der Kaserne von Spott und Hohn getroffen. Die Wiener erzählten sich, dass der Einbau von WC-Anlagen vergessen worden wäre und sich der Architekt deswegen sogar erschossen hätte. Eine Kaserne ohne Klos macht gleich viel weniger Angst. Nach dem Zweiten Weltkrieg wurde sie wieder zum Ort der Furcht. Die Aspiranten auf einen Führerschein mussten dort ihre Prüfung ablegen, und so manch einer kam wütend oder traurig ohne den rosa Schein aus dem roten Haus. Zurzeit beherbergt die Kaserne Teile des Verteidigungsministeriums und ist Stützpunkt von Polizei-Einsatzkommandos. Heute müssen sich also nur noch böse Gesellen vor dem imposanten Haus fürchten.

Würden wir noch ein Stück weitergehen, kämen wir zum `Ringturm`. Es ist das zweithöchste Gebäude der Inneren Stadt. Er wird nur vom Turm des Stephansdoms überragt und wurde noch während der sogenannten Besatzungszeit erbaut.

Der Donaukanal hat sich in den letzten Jahren zu einem regen Platz für die Freizeit entwickelt. Wer hier joggt, sieht weit hinüber zum Ringturm.

Der 9. Bezirk gehörte damals zum amerikanischen Sektor, der Bereich auf der gegenüberliegenden Donaukanal-Seite zum russischen. Der Bau des »Ringturms« sollte ein Symbol für den Wiederaufbau sein und gleichzeitig die überlegene Innovationskraft des Westens zum Ausdruck bringen – ein städtebaulicher Stachel im Fleisch der Sowjets. Wer heute die Signale der 20 Meter über dem Turm aufragenden Lichtsäule zu dechiffrieren imstande ist, kann auf einen Blick erkennen, wie sich das Wetter entwickeln wird. Einen wirklichen Mehrwert besitzt diese Anzeige in Zeiten des Internets allerdings nicht.

Wieder zurück zur Ecke Grünentorgasse/Roßauer Lände. Am Ufer des Flusses befindet sich seit bald 20 Jahren die summerstage, ein Gastronomiebetrieb mit einer wunderschönen Terrasse direkt am Ufer und einem Glaspavillon für kühlere Tage, der auch für Veranstaltungen gebucht werden kann. Unmittelbar daneben befindet sich die Station »Roßauer Lände« der U4, jener Linie, die den Donaukanal entlangfährt. Hier, an den Ufern des Kanals, beeindrucken die großen herrschaftlichen Häuser, wie man sie auch in anderen Bezirken findet, die an die Innere Stadt angrenzen. Ein wenig weitergewandert – und schon erreichen wir die Friedensbrücke.

»summerstage« am Donaukanal, der Kultur- und Kulinariktreff, hat sich zu einem Fixpunkt des Wiener Sommers entwickelt. Wo lässt sich ein lauer Sommerabend besser genießen als bei angenehmer Musik direkt am Wasser und doch mitten in der Stadt?

## Friedensbrücke

Brücken sind Symbole für die Überwindung von Grenzen und für friedliches Miteinander. Eine »Peace-Bridge« verbindet Kanada mit den USA, Friedensbrücken finden sich in Frankfurt, in Tiflis und in Wien, um nur einige Beispiele zu nennen. Die Verbindung zwischen den beiden Wiener Bezirken Brigittenau und Alsergrund hat eine lange Geschichte.

Eine erste feste Brücke, die »Brigittabrücke«, wurde 1870/71 erbaut. Sie war aber bald den steigenden Anforderungen des Verkehrs nicht mehr gewachsen. Bald schon wurde Lastwagen das Befahren verboten, dann durfte die Straßenbahnlinie 5 nur mehr zwei statt drei Wagen der kleinsten Bauart benutzen. Im Jahr 1924 wurde eine neue, leistungsfähige Brücke erbaut, wobei das alte Bauwerk in einer technischen Meisterleistung um 20 Meter versetzt wurde, um während der Bauarbeiten als Notbrücke zu dienen. Später wurde sie im Freudenauer Hafen wiedererrichtet, wo sie dann allerdings im Zuge der Kriegshandlungen 1945 zerstört wurde.

Dem NS-Regime scheint 1941 der Widerspruch zwischen dem Namen Friedensbrücke und ihrem »totalen Krieg« aufgefallen sein, denn ihr Name wurde auf »Brigittenauer Brücke« geändert. Im April 1945 sprengte die aus der Stadt flüchtende Wehrmacht den Mittelteil des Übergangs. Pioniere der Roten Armee konnten sie nach Kriegsende bald wieder instand setzen. Inzwischen wurde sie mehrfach ausgebaut und verstärkt. Der Frieden tut eben auch Brücken gut.

Der Siemens-Nixdorf-Steg wurde 1991 als Ersatz für die eingestellte Fähre über den Donaukanal errichtet. Er verbindet den 2. mit dem 9. Bezirk.

Wir überqueren die Friedensbrücke und gelangen in den 20. Bezirk, die Brigittenau. Die Alserbachstraße wird auf dieser Seite der Brücke zur Wallensteinstraße. Gleich nach der Brücke biegen wir rechts ab. Hier befindet sich eine Filiale der Pferdefleischerei Gumprecht. Manche Wiener sagen ja, Pferdefleisch gehöre wie die Sachertorte zu Wien und, dass der beste Leberkäse vom Pferd stamme. Weil sich doch nicht jeder dieser Auffassung anschließen kann, gehen wir einfach weiter entlang der Brigittenauer Lände, wo uns das Wasser des Donaukanals begleitet. Wir kommen schließlich zur links abzweigenden Württemberggasse, die geradewegs zum Gaußplatz, unserer nächsten Station führt.

»Hans, guck in die Luft!« – ist die Devise. Eine Fassade schöner als die andere. Ein Blick nach oben lohnt besonders beim Gaußplatz.

## Das Gaußplatz-Grätzel

Der zentrale Platz des Grätzels ist der Gaußplatz. Carl Friedrich Gauß hat, bei allem Respekt vor seinen großen Leistungen, Generationen von Schülern das Leben schwer gemacht. Ob elliptische Funktionen, euklidische Konstruktionen oder die Normalverteilung, leichter ist der Mathematikunterricht durch die Erkenntnisse des »Fürsten der Mathematik« nicht geworden. An der Grenze zwischen dem 20. und dem 2. Bezirk liegt der ihm zu Ehren benannte Gaußplatz. Er war in den 1970er- und 1980er-Jahren ein von Fahrschülern gefürchteter Ort, war er doch der erste große Kreisverkehr zu einer Zeit, als diese Art der Verkehrslogistik noch nicht unsere Städte beherrschte. Nahezu jede Führerscheinprüfung endete dort – und meist mit einem negativen Ergebnis. Wenn es dem Prüfling schon gelang, den Kreis halbwegs harmonisch zu bewältigen, ließ ihn der Prüfer gerne noch in einer Wasserlache am Rande des Platzes halten, um dann diabolisch lächelnd sein »nicht bestanden« zu verkünden, weil man doch nicht Passanten anspritzen dürfe. Wie sagte Nestroy? »*Die Erde ist ein himmlischer Planet, auf dem die Unglücklichen ein höllisches Leben haben*«. Irgendwann bekam dann doch jeder seinen rosa Schein, nicht ohne mit Schau-

*»Die Erde ist ein himmlischer Planet, auf dem die Unglücklichen ein höllisches Leben haben.«*

JOHANN NESTROY

dern an den unschuldigen Platz zu denken. Heute münden acht Straßenzüge in den Gaußplatz, der in der Mitte auch von Straßenbahnschienen gequert wird. Das interessanteste Gebäude auf dem Platz ist der Mathildenhof auf Nummer 7–8, ein späthistoristisches Wohnhaus mit reichgegliederter Fassade, betontem Portal und aufwendig gestalteter Beletage, das heuer das 125-jährige Jubiläum feiert.

Viele Kreative haben sich hier angesiedelt. So auch das einzige Freie Radio in Wien, Radio ORANGE 94.0. Es leistet seit 1998 einen wichtigen Beitrag zur Medienvielfalt in Österreich. Wir machen einen sidestep und wollen mehr über die Geschichte von »Radio ORANGE 94.0« erfahren.

## Freies Radio Wien

An der Ecke Gaußplatz/Klosterneuburger Straße 1, dem Standort von »Radio ORANGE 94.0«, treffen wir den Programmkoordinator Pawel Kaminsky. Dieser freie, nicht kommerzielle, lokale Radiosender verdankt seine Existenz einer medienpolitischen Revolution. Die sogenannten »Radiopirat_innen« hatten 1993 das Rundfunkmonopol angegriffen und vor den Europäischen Gerichtshof gebracht. Dieser gab den Klägern Recht und veränderte die rechtlichen Voraussetzungen für das Radiomachen. In der Folge wurde der »Verein zur Förderung und Unterstützung von freien lokalen nichtkommerziellen Radioprojekten, kurz Verein Freies Radio Wien« gegründet, dem 1997 eine Lokalradiolizenz erteilt wurde. 1998 ging »Radio ORANGE 94.0« auf Sendung.

Das Programm, so erzählt uns Kaminsky, wird zum größten Teil von ehrenamtlichen Radiomachern gestaltet. Es gehen derzeit

>»Es wird an sieben Tagen der Woche ohne Pause gesendet. Das heißt, wir gestalten rund 150 regelmäßige Sendereihen.«

150 Sendereihen in rund 25 Sprachen on air. Ursprünglich sollte der Sender »Freies Radio Wien« heißen, was aber nach einem Konflikt mit dem ORF verworfen wurde. So entstand der Fantasie-Name »ORANGE«. Man habe sich vorgenommen, Menschen und Initiativen Gehör zu verschaffen, die bei anderen Medien nicht vorkommen. Interessierte können das Radiomachen in Kursen erlernen, um dann selbst Programme zu gestalten und so ihre Anliegen an eine breite Öffentlichkeit zu bringen. Die Schwerpunkte haben sich gegenüber früher verändert. Heute geht es stark in Richtung Medienkompetenz, Vermittlung, Inhalte und Pflege des Programms, während früher das Handwerk des Radiomachens im Vordergrund stand. Das Besondere am Standort Gaußplatz sind die umliegenden, öffentlich zugänglichen Plätze, die es »ORANGE 94.0« ermöglichen, aus dem Studio hinauszugehen, so etwa auch mit den Radiomachenden im Rahmen der Kurse. »Radio ORANGE 94.0« versteht sich als eine Art öffentlicher Raum. Pawel Kaminsky erzählt uns mit viel Leidenschaft: »Es wird an sieben Tagen der Woche ohne Pause gesendet. Das heißt, wir gestalten rund 150 regelmäßige Sendereihen. Ein Drittel davon sind Musiksendereihen, die den Fokus auf eher unbekannte, alternative Musikstile legen«.

Aus dem zivilgesellschaftlichen Umfeld kommen dann Themen, die mit Umwelt, Feminismus oder Menschenrechten zu tun haben. Eine ganze Reihe von Sendungen werden in Fremdsprachen gestaltet, wobei in manchen Sendungen auch mehrsprachig moderiert wird. Über 20 Sprachen sind im Programm. Das reicht von Arabisch über Farsi bis hin zu Türkisch. Kaminsky wohnt selbst im Grätzel und ist vom vielen Grün und der guten Nahversorgung begeistert. »*Ein toller Ort um zu wohnen*«, meint er begeistert. »*Da gibt es beispielsweise den Brunnen, der bei 30 Grad im Sommer von den Teilnehmern der Workshops gerne zum Abkühlen der Beine genutzt wird. Und dann noch die* Bäckerei Prindl, *die beinahe 24 Stunden für uns offen hat. Die hat schon so etwas wie Kultstatus*«, erzählt Kaminsky.

Rund um die Uhr bekommt man in der Bäckerei am Gaußplatz Gebäck, Plunder und ein freundliches Wort beim Einkaufen.

Zu erzählen gibt es über dieses Grätzel vieles. Besonders beeindruckt und berührt war Kaminsky, als anlässlich einer vom benachbarten »Aktionsradius Wien« organisierten Führung ein Schoah-Überlebender über seine Kindheit berichtete. Der in den USA lebende alte Mann ging mit den Teilnehmern der Führung zu den Plätzen seiner Erinnerung. Dort, wo sich heute die angesprochene »Kultbäckerei« befindet, war vor dem Krieg ein Kino, in dem er sich Westernfilme angeschaut hat. In der Brigittenau, in der Leopoldstadt und ganz besonders rund um den Augarten lebten damals fast ausschließlich Juden, sodass die Wiener heute noch in Erinnerung an die vielen Bäcker, die hier Mazzes, das ungesäuerte Brot buken, diese Insel zwischen Donau und Donaukanal, also den 2. und den 20. Bezirk als »Mazzes-Insel« bezeichnen. Bevor wir uns verabschieden, werfen wir noch einen Blick in das Studio und erfahren, dass meist nur eine Person am Pult im Technikraum sitzt. »*Die Zauberwelt Medien kann man schnell selbst in den Griff bekommen*«, so Kaminsky. Und überhaupt sei die Technik einfach gehalten – jeder macht alles selbst.

Hoppalas kämen vor, würden aber immer auch dazu dienen, aus ihnen zu lernen.

Die Bezeichnung Kultbäckerei hat unser Interesse geweckt und wir besuchen die von unserem Gesprächspartner bei »Radio ORANGE« so hoch gelobte Bäckerei an der Ecke zur Jägerstraße. Empfangen werden wir von Zoran Dobrosavljevic, dem Inhaber, der hier schon seit 23 Jahren kleine und große Brötchen bäckt. Er hat als Lehrling begonnen, die Meisterprüfung absolviert und ist jetzt selbst der Chef. Gemeinsam mit seinen Mitarbeitern bereitet er alle Produkte stets frisch zu und verwendet absolut keine tiefgefrorene und wieder aufgetaute Ware. Wir genießen die Pause und eine Melange samt Zimtschnecke und nehmen uns noch eine Kleinigkeit für unterwegs mit.

Der Eindruck täuscht. Der steinerne Engel stemmt zwar die Hände in die Hüften, aber er ist niemandem wirklich böse.

## Aktionsradius Wien

Als nächstes spazieren wir ein Stück zurück zu Gaußplatz 11, wo sich der unabhängige Kulturverein »Aktionsradius Wien« befindet. Unser Interesse wurde schon durch Pawel Kaminsky von

»Radio ORANGE« geweckt, der über die Führungen der Initiative erzählt hat. Die Ausrichtung des Vereins basiert inhaltlich auf den langjährigen kulturellen Vorarbeiten des »Aktionsradius Augarten«, später der »Bürgerbeteiligung Gaußplatz« und dann des »Kulturnetz Wien«. Als »Kulturbüro Gaußplatz 11« ist der »Aktionsradius Wien« Impulsgeber für kulturelle Stadtentwicklung und hat sich für viele interessierte Besucher als Freiraum des Denkens etabliert. Im Jahr 2017 feierte das Kulturbüro sein 25-jähriges Jubiläum. Ein vielfältiges Programm erhebt den Anspruch, über das Grätzel hinaus zu wirken und kulturelle Zeichen für die ganze Stadt zu setzen. Auf jeden Fall nehmen wir uns ein aktuelles Programm mit.

*»Warum soll die Gegenwart dem ihre Blicke schenken, der immer mit der Zukunft kokettiert.«*

JOHANN NESTROY

Wir umrunden den Gaußplatz einmal, verlassen ihn an der Oberen Augartenstraße und gehen mit unserem Jausensackerl von der Bäckerei Prindl, Lesematerial vom »Aktionsradius Wien« hinüber in den Augarten, wo sich »tout Vienne«, oder besser »tout Leopoldstadt und Brigittenau« trifft. Ein Bankerl, die Kopfhörer aufgesetzt und »Radio ORANGE« ausgewählt – jetzt sind wir, zumindest für die nächste halbe Stunde, echte Bewohner des Gaußplatz-Grätzels.

## Augarten

Der Augarten kann getrost als eine kleine grüne Stadt in der großen Stadt bezeichnet werden. Er birgt in sich ganz unterschiedliche Bereiche, von der berühmten Porzellanmanufaktur über das Filmarchiv, massive Türme aus der Zeit des Zweiten Weltkriegs, nach barocken Vorlagen geschnittene Bäume, ein Café-Restaurant, Kinderspielplätze bis hin zu den Schulen der Wiener Sängerknaben.

Errichtet wurde der Park unter Kaiser Karl VI. zu Beginn des 18. Jahrhunderts als große, dem Garten von Versailles nachempfundene Barockanlage mit mehreren Alleen, die von einem Sternplatz ausgingen. Heute noch stehen im Augarten mehr als 3.500 Alleebäume. Der Zweite Weltkrieg setzte dem Park dann arg zu. Für den Bau der sogenannten Flaktürme, die der Fliegerabwehr und als Schutzräume dienen sollten, wurden Bahngeleise gelegt und Fundamente gesetzt. Im April 1945, als die Schlacht um Wien ihrem Ende zu ging, fuhren Panzer im Park auf, der auch von Hunderten Bomben getroffen wurde. Die Stadtverwaltung von Wien hat alle diese Schäden entfernt, der Park glänzt heute wie ehedem, wenn eben auch mit vielen bürgerlichen Vergnügungen, wie sie sich Kaiser Karl wohl nicht vorstellen hätte können.

Ein Park mit vielen Facetten – der Augarten lohnt ob seiner vielen unterschiedlichen Bereiche, laufend oder flanierend erobert zu werden, birgt er doch viele unterschiedliche Bereiche.

Nach dieser feinen Pause gehen wir wieder zur Oberen Augartenstraße, überqueren diese, biegen in die Scholzgasse ein, um am Ende, vorbei an der Oberen Donaustraße, wieder auf die Brigittenauer Lände zu gelangen.

## Scholzgasse

»Warum soll die Gegenwart dem ihre Blicke schenken, der immer mit der Zukunft kokettiert«, meinte Johann Nestroy, der große Wiener Volksdichter. Schauen wir uns also lieber ein wenig in der Vergangenheit um, vielleicht erhaschen wir dann mehr von der Gegenwart. Die Leopoldstadt ist ja in besonderer Weise mit dem großen Dramatiker und Schauspieler des Wiener Volkstheaters, Johann Nestroy, verbunden, stand doch in diesem Bezirk sein berühmtes »Carltheater«. Sein kongenialer, nicht ganz so bekannter Partner auf der Bühne war Wenzel Scholz, dem diese Gasse ihren Namen verdankt. Der Schauspieler war von eher dicklicher Gestalt und nahm im Spiel des Duos stets die Rolle des Gemütlichen, Behäbigen, etwas Naiven ein. Noch heute wird von seinen Auftritten in »Der böse Geist Lumpacivagabundus« gesprochen, bei denen er – ganz im Gegensatz zu seiner Figur – den Schneider Zwirn gab. Wenzel Scholz ist außerdem auf dem Eisernen Vorhang des »Theater an der Wien« neben Johann Nestroy, Ferdinand Raimund und Mozarts Zauberflöte verewigt.

Wir sind am Donaukanal auf der Brigittenauer Lände und bewegen uns vorbei am 20. und 2. Bezirk nach Osten, bis zur Franzensbrücke. Ein langer Weg liegt noch vor uns.

## Viermal Donau – eine Geschichte

Es ist eine der schwierigsten Aufgaben für einen Wiener Stadtführer, den Gästen die vielen Namensvariationen der Donau zu erklären. Da gibt es die »Alte Donau«, die »Neue Donau«, DIE »Donau« und schließlich den »Donaukanal«. Die in der heimlichen österreichischen Hymne als blau besungene, die »echte« Donau, war bis in das 19. Jahrhundert ein nicht regulierter Fluss. Die heute nördlich des Wassers gelegenen Stadtteile, aber auch die südlich angrenzende Leopoldstadt, wurden ständig vom Hochwasser des ausufernden Flusses ge-

Hier ähnelt Wien einem Hafen am Atlantik. Hier wie dort lassen sich die Fischer von nichts und niemandem stören.

Mit dem Ausflugsschiff den Donaukanal entlang kann man ganz gemütlich die Stadt auf sich wirken lassen.

plagt. Bereits ab dem Jahr 1810 wurden verschiedene Ideen für eine Regulierung vorgelegt, doch erst 1850 setzte Kaiser Franz Joseph das ein, was die Politik auch heute gerne wichtigen, rasch zu treffenden Entscheidungen voranstellt: eine Kommission.

Die »Donauregulierungskommission« ließ sich satte 20 Jahre für ihre Beratschlagungen Zeit. Dann erst startete der Bau eines eingefassten, 280 Meter breiten Wasserlaufs. Zusätzlich wurde ein 450 Meter breiter Auslauf für das Wasser geschaffen, das sogenannte Überschwemmungs- oder Inundationsgebiet. Ein großer Seitenarm der Donau im Norden blieb erhalten und wurde bald zur »Alten Donau«. Dort kann man heute das Segeln erlernen, vom Ruderboot aus gemächlich die Skyline der Stadt bewundern oder in eines der Strandbäder zum Schwimmen gehen.

Es lohnt sich, den Blick entlang des Donaukanals schweifen zu lassen. Hier sind wunderschöne Fassaden zu entdecken.

Weil es aber trotz des Ausbaus der Donau immer wieder zu Überschwemmungen kam, wurde 1972 ein Entlastungsgerinne parallel zum Flusslauf gegraben. Mit dem Aushub schuf man eine Insel zwischen diesem neuen, durch Wehranlagen vom Fluss abgetrennten Arm und der Donau. Es entstand die »Donauinsel«. Bei Hochwasser können die Wehre geöffnet werden, sodass der Fluss genügend Platz im neuen Gerinne, auf der Insel und im alten Flussbett findet. Seither hat Wien auch in den wasserreichsten Jahren keine Probleme mehr mit dem Hochwasser. Der neue Arm heißt »Neue Donau«, dem fließenden Teil blieb der ursprüngliche Name »Donau« – von »blau« übrigens keine Spur.

Die Donauinsel erstreckt sich über rund 21 Kilometer. Sie ist ein Bade- und Freizeitparadies, wie man es in anderen Städten Zentraleuropas kaum findet. Man könnte sagen, Wien ist mit der Donauinsel ein wenig ans Meer herangerückt.

Bleibt noch der Donaukanal, dem unser Hauptinteresse bei dieser Grätzelwanderung gilt. Er war im Mittelalter der Hauptarm der Donau. Später verlagerte sich der Lauf des Flusses. Um 1700 entstand für diesen stadtnahen Wasserlauf die Bezeichnung »Donaukanal«. Er zweigt heute bei einer Schleusenanlage in Nußdorf vom Hauptfluss ab und verbindet sich am Praterspitz wieder mit seinem großen Bruder.

## Der Donaukanal – der »Edelstein« des Rings

Der Donaukanal ist im Sommer der Hotspot Wiens. Hier tummeln sich Wiener und Wienbegeisterte – Jung und Alt.

Die Stadt Wien erstreckt sich über 23 Bezirke und rund 415 Quadratkilometer. Sagt der Wiener aber »*Ich fahre in die Stadt*«, so meint er nur ihren kleinsten Bezirk, den ersten nämlich, der den stolzen Titel »Innere Stadt« trägt. Dieses »Pars pro Toto« gilt auch für den Donaukanal. Er zweigt zwar bereits bei Nußdorf von der Donau ab und mündet beim Prater wieder in sie hinein, doch im Fokus der Wiener steht in erster Linie der Abschnitt zwischen dem »Ringturm« und der »Urania«. Diesem Teil des Flusslaufs hat die Ringstraße auch zu verdanken, dass sie sich mit Recht »Ring« nennen darf. Erst der Kanal macht aus dem weitgestreckten U ein O und verschließt den offenen Kreis wie ein eingefasster Edelstein den wertvollen Ring.

Das Ufer des Donaukanals ist ideal für den Morgen- oder Abendsport geeignet. Radfahrer und Jogger erfreuen sich vieler ebener Kilometer entlang des Wassers. Der 20., die Brigittenau, war immer schon ein Areal des Wassers. Ihr Name und der vieler Gassen trägt die Endung »Au« und verweist darauf, dass hier noch bis in die Mitte des 19. Jahrhunderts die Donau ungezügelt und ungeregelt ihren wechselnden Lauf nahm. Durch die im Jahr 1875 abgeschlossene Regulierung kam es zu großen Gewinnen an Bauland. Bald nach der ersten Regulierung wurde die Dampftramway Wien-Stammersdorf gebaut, die damals noch durch kleine Dörfer führte. Durch die Erweiterung der Stadt in Richtung Norden ist die Brigittenau inzwischen ins Zentrum gerückt und wird, ähnlich ihrem Nachbarbezirk, der Leopoldstadt, zunehmend zu einem lebendigen, innerstädtischen Bereich.

Wir schlendern das Ufer entlang, kommen zum **Wettsteinpark**, einer grünen Oase am Donaukanal. Der Park erstreckt sich über eine Fläche von 30.000 Quadratmetern und befindet sich bereits im 2. Bezirk. Wir gehen durch den Park, füllen beim Kinder-

Auf der Brücke über den Kanal schlendernd, kann man den Fassaden-Laufsteg-Wettbewerb spielen: Welche ist die Schönste? Prämierung durch ein lautes »Bravo« kundtun!

5. GRÄTZELTOUR

Am Tel Aviv Beach vereint sich das heitere Lebensgefühl der Mittelmeer-Stadt mit jenem des jugendlichen Wiens.

spielplatz die Trinkwasserflasche auf und gehen weiter, bis wir auf Höhe Obere Donaustraße 65 auf den Tel Aviv Beach stoßen. Ein chilliges Stück Strand mit israelischem Flair, internationalen Schmankerln und namhaften DJs. Von hier hat man auch einen wunderbaren Blick auf die andere Seite des Ufers.

### Die »Mazzes-Insel«

Mit der Regulierung der Donau und des Donaukanals entstand in Wien zwischen den beiden Wasserläufen eine Insel. Sie umfasst die Leopoldstadt und die Brigittenau, also den 2. und 20. Bezirk. Vor dem Jahr 1938 lebte dort ein Großteil der rund 200.000 Juden Wiens. Um die Jahrhundertwende waren Juden aus allen Teilen der Monarchie in die Hauptstadt gekommen, fanden Unterschlupf bei früher zugereisten Verwandten und blieben oft in der Nähe ihrer ersten Station in der großen, fremden Stadt. Der österreichische Schriftsteller Joseph Roth schrieb in seinem Essay »Juden auf Wanderschaft« im Jahr 1927: »*Am Nordbahnhof sind sie alle angekommen, durch seine Hallen weht noch das Aroma der Heimat, und es ist das offene Tor zum Rückweg.*« Die ersten Generationen der Immigranten lebten zum Großteil in bitterer Armut. Nochmals Joseph Roth: »*Die Leopoldstadt ist ein armer Bezirk. Es gibt kleine Wohnungen, in denen sechsköpfige Familien wohnen. Es gibt kleine Herbergen, in denen fünfzig, sechzig Leute auf dem Fußboden übernachten.*« Erst die Kinder der Erstankömmlinge konnten die Vorteile der Bildungschancen in der neuen Heimat nutzen und gutbürgerliche Berufe ergreifen. Die

tragische Geschichte der Juden von 1938 bis 1945 ist bekannt. Heute gibt es wieder eine kleine, vielleicht 3.000 Menschen umfassende jüdische Gemeinde in der Leopoldstadt. Der 2. Bezirk ist dank gelungener Wohnbaupolitik der Stadt und wegen seiner Nähe zur Inneren Stadt inzwischen jedoch kein armer Bezirk mehr, sondern im Gegenteil, ein »angesagtes« Wohngebiet geworden.

Nach dem Besuch des »Tel Aviv Beach« gehen wir weiter unter der Salztorbrücke, der Marienbrücke und der Schwedenbrücke hindurch. Immer wieder gibt es Sitzgelegenheiten für kurze Pausen oder um einfach das Gegenüber auf sich wirken zu lassen. Denn das neue Leben entlang des Donaukanals zeigt sich direkt neben dem Wasserlauf. Im Uferbereich, links und rechts vom Kanal, hat sich eine neue Szene etabliert. Was jahrelang von der Stadtverwaltung intendiert wurde, jedoch nicht und nicht gelingen wollte, ist plötzlich zur urbanen Realität geworden.

5. GRÄTZELTOUR

Bereits im Jahr 1995 übersiedelte das Musiklokal Flex – es befindet sich auf der anderen Seite auf Höhe der Augartenbrücke – an seinen heutigen Platz, einem stillgelegten U-Bahn-Schacht. Zu dieser Zeit war es noch ein wahres Abenteuer, bei den Abgängen der Brücken in die schlecht beleuchtete und vernachlässigte »Unterstadt« hinabzusteigen, um zum »Flex« zu gelangen. Heute steht das Lokal für angesagte alternative Musik und aktuelle Dance-Kultur. Bei sommerlichen Temperaturen sitzt man draußen, entspannt sich und hört sich an, was gerade Sache in der Musikszene ist.

Ungefähr gleichzeitig mit der Übersiedlung des »Flex« an den Donaukanal gab die Stadtverwaltung ganze Mauerreihen am Uferrand für die Graffiti-Szene frei. So wurden die Sprühkünstler der Stadt aus der Ecke der Kriminalisierung herausgeholt und sie erhielten die Chance auf Kunstausübung inmitten der Stadt.

Am Donaukanal trifft sich die Graffiti-Szene Wiens und ersetzt das Grau des Betons durch grelle Farben und wundersame Formen.

Einen schönen Blick aufs Gegenüber hat man auch nach der Aspernbrücke. Da liegt vor einem die »Urania«, der Seitenarm des Donaukanals und die »Strandbar Herrmann«, zu der wir später noch kommen werden. Über die Franzensbrücke gehen wir auf die andere Seite, um gleich auf den Treppelweg – er führt entlang des Ufers – zu gelangen und diesem stadteinwärts zu folgen. Wer noch Muße hat, könnte nach der Brücke die Radetzkystraße geradeaus gehen bis links in die Obere Weißgerberstraße zum Museum Kunst Haus Wien und zum Hundertwasserhaus. Das »Kunst Haus Wien«, das mit Friedensreich Hundertwasser untrennbar verbundenen ist, entstand 1979 und befindet sich im 3. Bezirk. Die beiden Gebäude liegen nur knapp 400 Meter

Nahe dem Donaukanal hat Friedensreich Hundertwasser gestalterische Spuren hinterlassen. Heute kommen Touristen zu Hunderten hierher, um die Fantasie des Meisters zu bewundern.

voneinander entfernt. Das »Hundertwasserhaus« ist ein vom Künstler gestaltetes Wohnhaus in der Kegelgasse und Anziehungspunkt für Tausende Touristen jährlich. Das wird regelmäßig zum Ärgernis der Bewohner des Hauses, die stets darauf achten müssen, Haustor und ihre Eingangstüren verschlossen zu halten, wollen sie nicht plötzlich eine Touristengruppe in ihrem Wohnzimmer stehen haben.

Wir bleiben dezent und gehen den Treppelweg entlang stadteinwärts. Hier am Wasser ist es ruhig und beschaulich. Bei der Strandbar Herrmann angekommen, übrigens einer »Königsidee«, die entscheidend zur Belebung des Donaukanal-Strandbereichs beigetragen hat, lassen wir uns nieder. Mit aufgeschüttetem Sand, Liegestühlen und »coolen« Getränken wurde eine Urlaubsatmosphäre mitten in Wien geschaffen, die alsbald viele Besucher anzog und andere Gastronomen inspirierte. Eingebettet ist die Strandbar in den Herrmannpark, der seinen Namen Emanuel Herrmann, dem Erfinder der Postkarte, verdankt. Da sitzen wir, senden sogleich die freundlichsten Urlaubsgrüße aus Wien und schlürfen einen Cocktail.

Weiter geht es. An der Ecke zum Stubenring und vis-à-vis dem imposanten, gläsernen Bürogebäude der Uniqa-Versicherung,

5. GRÄTZELTOUR

*Von der Urania aus lässt es sich mit dem Fernrohr in den Himmel schauen. Wer lieber im Kaffeehaus der Sternwarte bleibt, kann das Gebäude der Uniqa-Versicherung auf der anderen Seite des Kanals bewundern.*

das in der Nacht auf seiner Fassade mit schönsten Lichtspielen aufwartet, erreichen wir wieder den inneren Bereich des Donaukanals. Einen markanten Eckpunkt bildet ein Gebäude, das der Muse »Urania«, der Schutzgöttin der Sternkunde, gewidmet ist. Seit mehr als hundert Jahren steht es da mit seiner Sternwarte, als Haus für Volksbildung. Auch ein Kino, das Wiener Kasperltheater und ein Kaffeehaus laden ein. Von dessen Terrasse aus bietet sich ein schöner Blick auf die Einmündung des aus dem Westen kommenden Wienflusses in den Donaukanal. Und man kann nochmals einen Blick auf die »Strandbar Herrmann« werfen.

*Baden am Schiff ist auch am Donaukanal möglich.*

Noch immer am Wasser entlang, erreichen wir das Badeschiff. Es wurde mit der Jahrtausendwende eröffnet und setzte eine versunken geglaubte Tradition fort, an die sich nur mehr die ältesten Wiener erinnern konnten: Zu Beginn des 20. Jahrhunderts, als die Wohnungen noch kaum mit Bädern ausgestattet waren, ging die Stadtverwaltung daran, Volksbäder einzurichten. Das waren die sogenannten »Tröpferlbäder«, die man gegen

Wo Touristen in großen Scharen kommen, werden bald auch seltsame und weniger seltsame Souvenirs angeboten.

ein geringes Entgelt zum wöchentlichen Duschen aufsuchte, oder um sich gar ein teureres Wannenbad zu leisten. Am Donaukanal, bei der damaligen Sophienbrücke, der heutigen Rotundenbrücke, wurde zu dieser Zeit ein Frachtkahn vertäut, der nach außen geschlossen war, denn eine Dame im Badekleid war damals noch ein echtes No-Go. Es ist noch gar nicht so lange her und man dachte auch hierzulande, dass Frauen vor den Blicken der Männer geschützt werden müssten. Im Inneren gab es Kabinen und einen Rundlauf rund um das Becken. Gebadet wurde tatsächlich in Donaukanal-Wasser. Nach dem Zweiten Weltkrieg war das Baden im Kanal aus hygienischen Gründen nicht mehr möglich und so geriet das System der »Badeschiffe« in Vergessenheit. Bis die Idee neu aufflammte, zwei umgebaute Frachtkähne mit großen Schwimmbecken, diesmal gefüllt mit klarem Wasser, am Ufer des Kanals festzumachen, Liegestühle aufzustellen und Speisen und Getränke anzubieten. Das »Wasser auf dem Wasser« im neuen Badeschiff erfreut sich seither großer Beliebtheit.

Eine weitere Verbindung zwischen Fluss und Gastronomie wurde bei der Schiffsanlegestelle des »Twin City Liners« geschaffen. Dort, wo schnittige Katamarane von Wien aus nach Bratislava starten, hat sich das Motto am Fluss etabliert. Ein Restaurant und ein Café bieten dort Speis und Trank auf höchstem Niveau sowie kontemplative Ausblicke auf den Wasserlauf, die Skyline des gegenüberliegenden Ufers und das Treiben am Schwedenplatz.

Der Donaukanal lässt sich auf vielfältige Weise, aber auch sportlich erschließen. Vom Schwedenplatz aus kann man – je nach körperlicher Fitness – weit nach Westen laufen, etwa bis

5. GRÄTZELTOUR

Der langgezogene Donaukanal lässt sich nicht nur mit dem Schiff erobern. Am Ufer entlang ist ein Fahrrad das angesagte Verkehrsmittel.

Heiligenstadt oder Nussdorf, wo sich die Einkehr bei einem Heurigen anbietet. In der Gegenrichtung winken bald schon das Riesenrad und der grüne Prater mit seinen vielfältigen Spazierwegen und Grünflächen.

Auf der kurzen Strecke zwischen der »Urania« und dem »Ringturm«, am anderen Ende des inneren Donaukanal-Abschnitts, befinden sich drei Stationen der Citybikes Wien, eine davon direkt am Schwedenplatz. Wer sich einmal via Internet registriert, kann jederzeit an jeder der rund hundert Stationen in der Stadt ein Rad ausleihen und es an jeder beliebigen Station wieder retournieren.

Der prominente »Schwedenplatz« verdankt seinen Namen der Mildtätigkeit. Es war Schweden, das unterernährte Wiener Kinder nach dem Ersten Weltkrieg aufnahm und wieder aufpäppelte. Heute befindet sich auf dem nach den Wohltätern benannten Platz ein Verkehrsknotenpunkt mit zwei U-Bahn- und Straßen-

bahn-Linien. Wirklich prominent ist der »Schwedenplatz« jedoch wegen des Eisgeschäfts der Familie Molin Pradel, in dessen unmittelbarer Nähe sich vor einigen Jahren eine zweite Eisdiele angesiedelt hat. Der erste »Molin Pradel«, ein Holzfäller aus der Region Belluno in Italien, gründete bereits 1886 eine »Speiseeis-Erzeugung«. Somit kamen die Wiener dank der hier ansässigen Italiener erstmals in den Genuss der kalten Köstlichkeit. Die Kaffeesieder und Konditoren der Stadt waren jedoch nur mäßig begeistert, machten ihnen doch die Eishändler mit ihren kleinen Wägelchen arge Konkurrenz. So ordnete Kaiser Franz Joseph an, dass der Eisverkauf fortan ausschließlich in festen Geschäftslokalen stattzufinden hätte. Nach verschiedenen Zwischenstationen ließ sich ein Teil der inzwischen weitverzweigten Molin Pradel-Familie schließlich auf dem »Schwedenplatz« nieder und sorgt auch heute noch dafür, dass die Kinder in Wien mit hervorragendem Eis »aufgepäppelt« werden. Sie lieben es.

Es lohnt sich zu warten, bis ein Plätzchen im Eisgeschäft Molin Pradel frei wird. Hier entfaltet die italienische Eiserzeugung ihre höchste Kunst.

Für junge und auch ältere Erwachsene hingegen gilt: »Wanderer, kommst du auf den Schwedenplatz, achte auf den geraden Weg!« Nur wenige Schritte entfernt beginnt das

Rund um die Ruprechtskirche treffen alte, teilweise mittelalterliche Gebäude auf ein junges beschwingtes Publikum.

Bermudadreieck von Wien. Anfang der 1980er-Jahre entstand in der damals noch verschlafenen Stadt, in der das Nachtleben um zehn Uhr abends endete, eine lebendige Beisl-Szene. Den Namen »Bermudadreieck« erhielten die kleinen Straßen rund um den Schwedenplatz und in der Nachbarschaft der Synagoge, weil so mancher »Tanker«, im Sinne von jemandem, der zu viel »getankt« hat, kurzfristig in diesem Ozean der alkoholischen Genüsse verloren ging und erst am nächsten Tag, arg ramponiert wieder auftauchte. Wer hingegen brav seines Weges geht, sieht am Hügel oberhalb des Schwedenplatzes die Ruprechtskirche, die älteste erhaltene Kirche von Wien.

Beim Eisgeschäft »Molin Pradel« treffen wir eine Gruppe von Kindern aus der Steiermark, die sich auf »Wien-Woche« befinden. Auch sie sind von der Stadt begeistert: »*Ich mag am liebsten den Stephansturm*«, sagt die Eine. »*Die U-Bahn*«, meint die Andere. »*Und ich Himbeer- und Vanilleeis*«, darauf die Dritte.

# Unsere Lieblings-Spots im Grätzel:

### Die Serviette
Das Speiselokal mit dem originellen Namen als Bezug auf das Servitenviertel bietet auf einer täglich wechselnden Menükarte österreichische Hausmannskost. Bei der einen oder anderen Speise werden sich weniger Wien-Geübte erklären lassen müssen, was genau sie da bekommen, so beispielsweise bei Dukatenschnitzel, Schweinswangerln oder Blunznradln.
**1090, Servitengasse 4**
dieserviette.at

### Porzellan
Das »kleine Paris Wiens« nennen die Eigentümer der Lounge das Servitenviertel. Auf dem Porzellan des »Porzellan« werden vom Frühstück über Mittagessen bis zum Abend feine Speisen und Getränke serviert.
**1090, Servitengasse 2**
porzellan-lounge.at

### Ristorante Scala
Das Lokal (Ristorante, Pizzeria und Vinothek) bietet auf seiner Website Kochtipps vom Küchenchef, die man sich dann doch lieber von ihm in der Servitengasse zubereiten lässt.
**1090, Servitengasse 4**
ristorante-scala.at

### Mädchen und Buben
Holz- und Strickwaren dominieren das Angebot des Spielwarengeschäfts für Kinder. Es lohnt sich unbedingt, Zeit für das Durchstöbern des Ladens einzuplanen.
**1090, Servitengasse 4a**
facebook.com/Fürnis-Mädchen-und-Buben-131476283534694

### Verstrickt und zugenäht
Ob stricken, häkeln und sticken tatsächlich glücklich machen, wie auf der Website des Ladens behauptet, kann man gleich an Ort und Stelle bei einer Tasse Tee oder Kaffee in einer Gruppe testen. Auch alles notwendige Zubehör kann hier erworben werden.
**1090, Servitengasse 7**
verstricktundzugenaeht.at

### Konditorei Ingrid Bürger
Ein besonderes Highlight sind die Krapfen. Lassen Sie sich verführen.
**1090, Servitengasse 12**

### Bäckerei Prindl
Brot und Gebäck rund um die Uhr.
**1200, Jägerstraße 2**
prindl.wien

### Tel Aviv Beach
Wer in der chilligen Stadt Wien chillige Tel Aviv-Atmosphäre genießen will, ist in dieser Strandbar genau richtig.
**1020, Obere Donaustraße 65, direkt am Donaukanal**
neni.at

### Strandbar Herrmann
Füße in den Sand, Sommer genießen, mit Freunden plaudern. Die Atmosphäre chilliger Sommertage mitten in der Stadt.
**1030, Herrmannpark**
strandbarherrmann.at

### Badeschiff
Im Sommer schwimmen, im Winter Eisstockschießen, das ganze Jahr hindurch essen und trinken.
**1010, Donaukanal, zwischen Urania und Schwedenbrücke**
badeschiff.at

### Motto am Fluß
Was von ferne wie ein Schiff ausschaut, entpuppt sich als schönes Café und Restaurant mit bestem Ausblick auf das Treiben am Donaukanal.
**1010, Franz-Josefs-Kai 2**
mottoamfluss.at

### Eissalon Molin-Pradel
Was 1886 mit einem »Eiswagerl« begann, hat sich längst zu einer Wiener Institution entwickelt. Es lohnt auf einen frei werdenden Tisch zu warten. Oder mit einem Stanitzel zum Donaukanal zu schlendern.
**1010, Franz-Josefs-Kai 17 (Schwedenplatz)**
gelato.at

# 6. GRÄTZELTOUR

Zieglergasse ~ Lerchenfelder Straße ~ Weghuberpark ~ Museumstraße ~ Bellariastraße ~ Volksgarten ~ Ballhausplatz ~ Minoritenplatz ~ Herrengasse ~ Michaelerplatz

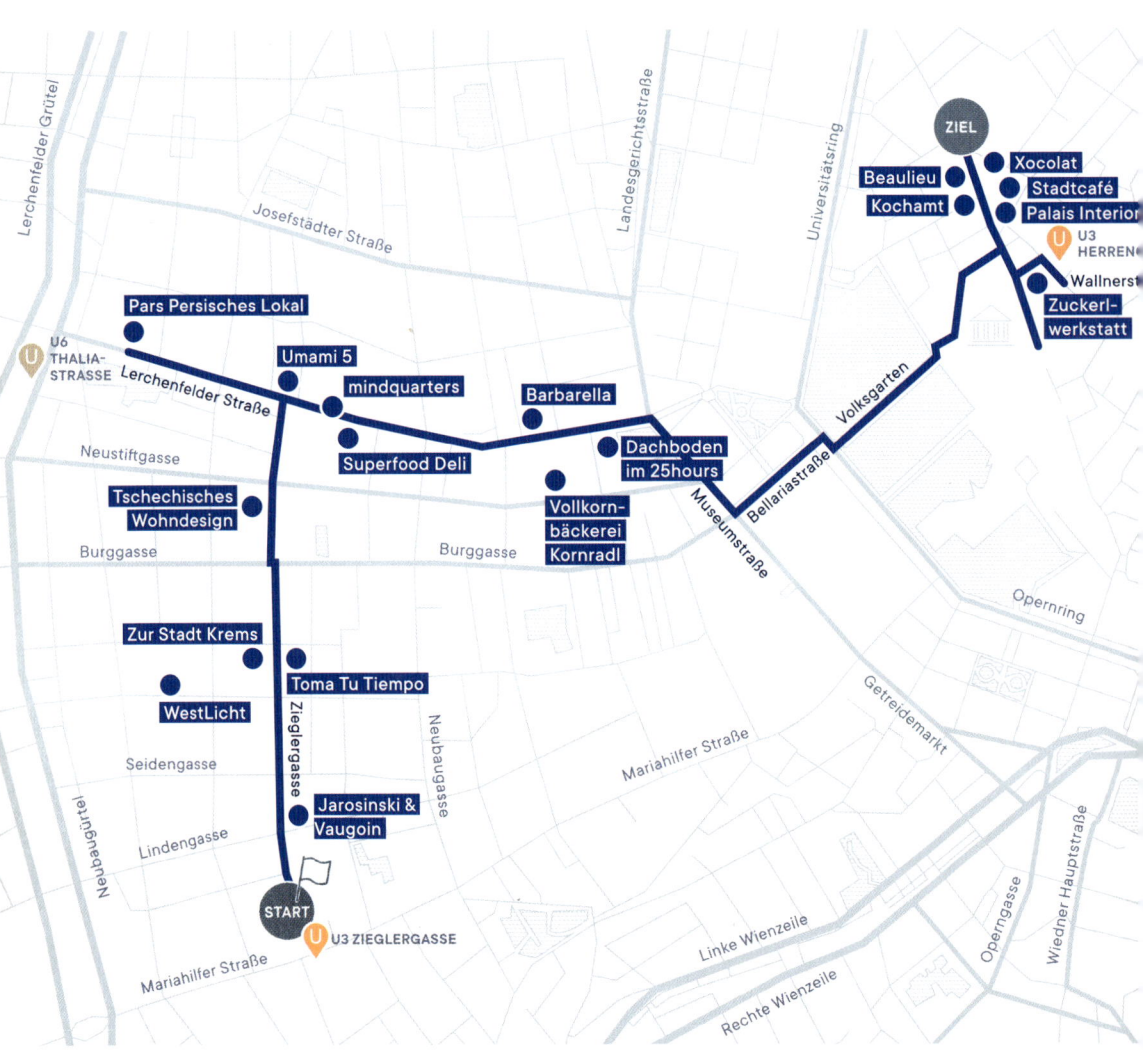

# 6. GRÄTZELTOUR

Zieglergasse ~ Lerchenfelder Straße ~ Weghuberpark ~ Museumstraße ~ Bellariastraße ~ Volksgarten ~ Ballhausplatz ~ Minoritenplatz ~ Herrengasse ~ Michaelerplatz

Reine Gehzeit: 1 Stunde

Gestartet wird in der Zieglergasse/Ecke Mariahilfer Straße. Vom Zentrum mit der U3 einfach zu erreichen.

## Ziegeleien in der Wiener Vorstadt

Noch lange, bevor im 19. Jahrhundert die Einführung von dampfbetriebenen Ziegeleien den Hausbau revolutionierte, gab es in der Wiener Vorstadt kleine Ziegeleien. Die Zieglergasse im 7. Wiener Gemeindebezirk trägt dieses Gewerbe sogar in ihrem Namen. Noch zu Beginn des 19. Jahrhunderts standen im heute dichtbesiedelten Gebiet mehrere Ziegeleien. Nicht weit von hier befanden sich auch eine Reihe von Seidenfabriken und -verarbeitungsbetrieben. In der Zieglergasse hatten viele der Seidenfabrikanten ihr Wohnhaus. Die Häuser Nummer 8, 32, 33 und 50 zeugen vom Wohlstand dieser Kleinindustriellen. In einem bekannten Wienerlied singen die Söhne der Seidenfabrikanten denn auch:

»Drum fehlt uns a 's ganze Jahr niemals a Göld,
um dös zu verputzen san mir auf der Wölt;
wann von arbeiten g'redt wird, da kieg'n ma an Grant,
denn unser Vater is' a Hausherr und a Seidenfabrikant ...«

Heute ist die Seidenfabrikation längst nach Asien abgewandert, aber die Zieglergasse glänzt in anderer Art und Weise, als einer der Hotspots urbanen Lebens im jugendlich-modernen 7. Bezirk.

Auf Höhe der Mariahilfer Straße, bei der Station der U3, holt man sich am besten zu Beginn des Rundgangs in der Vollwertbäckerei Gradwohl eine Stärkung für den ersten Teil des Weges. Hier gibt es schmackhafte Bio-Salzbrezerl oder herrlich süße Zimtschnecken, die einen die rund einen Kilometer lange Strecke genussvoll bewältigen lassen.

Auf dem Weg vorbei an alten Häusern lohnt es, immer wieder einen Blick in die Hinterhöfe zu werfen. Wie in vielen Teilen des Bezirks findet man unvermutet im Inneren der Häuser große Bäume und so manches idyllische Plätzchen.

Wir überqueren die Apollogasse, bei der nichts mehr an den 1808 eröffneten »Apollosaal« erinnert, einem Vergnügungssaal für 8.000 Besucher, der nur rund 30 Jahre in Betrieb war und später in eine Kerzenfabrik umgewandelt wurde. Apollo machte hier seinem Ruf alle Ehre – nicht so sehr als Gott der Künste, sondern mehr als Sühnegott: Dem unglücklichen Besitzer des Apollosaals hat er jedenfalls kein Glück gebracht, er ging bald in Konkurs.

Zwischen Lindengasse und Seidengasse, auf der rechten Seite, schräg gegenüber der Ganztags-Volksschule Neubau befindet sich in einem wunderschönen Biedermeierhaus die Silberschmiede Jarosinski & Vaugoin. Die seit 1847 bestehende Schmiede wird in sechster Generation von Jean-Paul Vaugoin geführt. Die Schaufenster und das alte, gepflegte Eingangsportal mit dem Schriftzug »Silberwaren Fabrik« machen neugierig und enttäuschen den Eintretenden nicht: Vitrinen, gefüllt mit Besteck, Serviettenringen, Taufgeschenken, Vasen und Gefäßen in Silber geben einem das Gefühl, einen großartigen Schatz entdeckt zu haben. Alles glänzt – Silber, wohin man auch schaut. »*Früher gab es mehrere Handwerksbetriebe in der Gegend*«, so Jean-Paul Vaugoin. Die Namen der umliegenden Gassen, wie Seidengasse oder Bandgasse, zeugen davon. In den alten Biedermeierhäusern arbeiteten die Handwerker ebenerdig in den Geschäften beziehungsweise Werkstätten und wohnten in den oberen Stockwerken. Ihre Spezialisierung auf die Erzeugung von Silberbestecken, mit über 200 verschiedenen Besteckmus-

Die Arbeit mit dem edlen Material verlangt eine fundierte Ausbildung, Geduld und viel Fingerspitzengefühl.

> *»Früher gab es mehrere Handwerksbetriebe in der Gegend.«*

tern, macht »Jarosinski & Vaugoin« weltweit zu einem einzigartigen Unternehmen in dieser Branche. Geführt sowohl als Einzel- als auch als Großhandel, verkauft das Unternehmen seine Silberprodukte im In- und Ausland. Zwei Drittel der Ware werden in der hinter dem Verkaufslokal gelegenen Werkstatt angefertigt. Eine Werkstatt, die das Herz jedes in der Gold- und Silberschmiedekunst erfahrenen Experten höherschlagen lässt. Einen derart perfekten, authentischen und ästhetischen Arbeitsbereich kann man nur selten finden. Alte, speckige Werkbänke aus Birnenholz, das Surren der Hängebohrmaschinen, der Geruch nach Metall, Teer und Polierpaste sowie der Anblick glänzender Silbergegenstände lassen uns für einen Moment staunend verweilen. Auf einer Werkbank stapeln sich Platzteller, auf einer anderen liegen japanische Essstäbchen, angefertigt aus Silber und Wenge, einem der edelsten Hölzer der Welt. Acht Mitarbeiter sind zugange und schaffen hier ein Silberparadies mitten in Wien. Jean-Paul Vaugoin freut sich über den staunenden Enthusiasmus seiner Besucher und empfiehlt ihnen das **Silberschmiede-Museum** im Nebenhaus auf Nummer 22, das man nach Voranmeldung besichtigen kann. Wir danken für die Empfehlung, verabschieden uns, überqueren die Seidengasse und erreichen bald die Westbahnstraße.

An der Ecke Zieglergasse/Westbahnstraße steht die Pfarrkirche St. Laurenz der Pfarre Schottenfeld, die auf Anordnung von Joseph II. ab 1783 vom Baumeister Andreas Zach im Stil des klassizistischen Barocks errichtet wurde. Nach dem, in der zweiten Hälfte des 19. Jahrhunderts wirkenden, Schottenfelder Pfarrer Urban Loritz wurde eine Station der U-Bahn-Linie U6 bei der Einmündung der Burggasse in den Gürtel, nahe der Wiener Stadthalle, benannt.

Wir verlassen an dieser Kreuzung die Zieglergasse, machen einen außertourlichen Schwenker und gehen ein paar Schritte stadtauswärts bis zu Westbahnstraße 40.

Dort befindet sich seit dem Jahr 2001 die Fotogalerie WestLicht. Sie hat sich dank einer Initiative von Liebhabern und Kamerasammlern als ein Ort für Fotografie etabliert, wie es ihn davor in Wien nicht gegeben hat. Die Fotografie war bis dahin ein Stiefkind unter den Künsten, es gab keinen Raum für Ausstellungen, Archivierung und Forschung. Heute beherbergt das Fotomuseum »WestLicht« rund 40.000 Objekte in allen fotografischen Herstellungstechniken, von Plattenfotografien und Glasdiapositiven bis zu vielen verschiedenen Printverfahren. Anhand von Beispielen werden die apparativen Voraussetzungen wie historische Kameras und Betrachtungsgeräte bis hin zu neueren Technologien gezeigt. Dazu kommen verschiedene Zugänge zur Fotografie aus künstlerischer, zeitgeschichtlicher und kultureller Perspektive. Der Galerie wurden seit ihrem Bestehen eine Reihe von Teilnachlässen und Werkblöcken wichtiger Fotostudios und Künstler übertragen. Im Jahr 2011 gelang dem Leiter der Galerie, Peter Coeln, die ebenso spektakuläre wie kunsthistorisch bedeutsame Übernahme der »Polaroid-Sammlung«, die beim Konkurs eines Schweizer Museums verloren zu gehen drohte. Die 4.400 Werke von 800 Fotografen und anderen Künstlern – von Ansel Adams bis Andy Warhol – wurden gerettet und dem Publikum zugänglich gemacht. Die Galerie »WestLicht« verfügt auch über eine bedeutsame Sammlung von Daguerreotypien. Es handelt

Ein weitläufiger, einzigartiger Platz für Foto-Aficionados. Das Fotomuseum hat sich einen fixen Platz in der heimischen Kulturlandschaft erobert.

6. GRÄTZELTOUR

sich dabei um Werke aus der Anfangszeit der Fotografie ab 1839. Das aufwändige Verfahren wurde später von neuen, preisgünstigeren Technologien abgelöst. Immer wieder werden die historisch wertvollen Schätze in Ausstellungen der Öffentlichkeit zugänglich gemacht. Wer Interesse hat, kann sich zu einer Führung anmelden. Die Galerie, die sich in einer früheren Glasfabrik befindet, wurde vom Architektenteam »Eichinger oder Knechtl« in dem für sie typischen, feinen, unaufdringlichen Stil umgebaut.

Zurück geht es in die Zieglergasse, wo wir die Westbahnstraße, auf der die Straßenbahnlinie 49 verkehrt, kreuzen. Dort begegnen wir einem engagierten Projekt zum Thema »Warentausch«. Auf einem kleinen Platz in der Zieglergasse steht ein Schrank voller Bücher. Was hat es damit auf sich, wie funktioniert das?

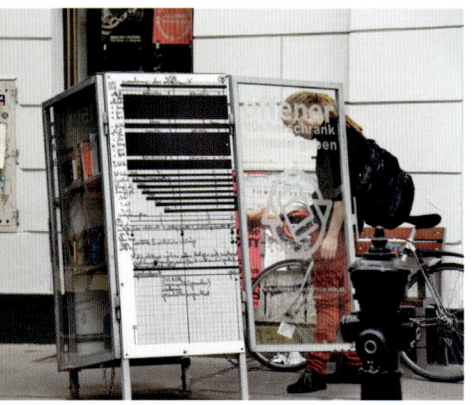

Für Leseratten der ideale Platz – ein Geben und Nehmen von Büchern, ganz unkompliziert.

Der offene Bücherschrank ist ein Ort der Kommunikation außerhalb des Konsums. Jeder kann sich Bücher nehmen und Bücher geben – ganz ohne Kosten oder Anmeldung. Rund um die Uhr findet ein stetes Hineinstellen und Herausnehmen statt. Die neu eingestellten Bücher werden abgestempelt, als deutliches Zeichen dafür, dass es sich um Tauschware handelt, die nicht mehr in den Verkauf gelangen soll und darf. Der erste »offene Bücherschrank« wurde 2010 auf Initiative von Frank Gassner ins Leben gerufen und wird zum überwiegenden Teil von ihm finanziert. Den verzinkten, mit Sicherheitsglas versehenen Schrank entwarf der Maler und Aktionskünstler Hermann Nitsch.

Friedrich Plöckinger hilft dem Projekt, indem er immer wieder einen Blick auf das vor seinem Laden aufgestellte Stadtmöbel wirft und darauf achtet, dass nichts zerstört wird. Plöckinger betreibt in der Zieglergasse 40 Das Market, ein Geschäft für Vinyl-Schallplatten im Bereich House/Disco/Re-Edits/Dance. Er bezeichnet sich als graue Eminenz der Wiener Dancefloors und bietet Beats vom Feinsten. Ein zweiter offener Bücherschrank in Wien steht übrigens an der Ecke Grundsteingasse/Brunnengasse am Ottakringer Brunnenmarkt, ein weiterer befindet sich direkt am Margaretenplatz im 5. Bezirk.

Lasst uns einen Abschneider quer durch den Hof des Hauses machen, dann sind wir ganz schnell in der nächsten Parallelstraße.

## Untere Zieglergasse

Ein kurzes Stück, dann kommt auf der linken Seite die Stadt Krems. Keine Sorge, wir befinden uns noch immer in Wien in der unteren Zieglergasse und stehen lediglich vor dem Gasthaus Zur Stadt Krems, das gute Küche für jeden Geschmack offeriert. Seit mehr als 150 Jahren bewirtet das Gasthaus auf Zieglergasse 37 seine Gäste. Sein erster Besitzer kam aus eben jener Stadt in Niederösterreich und hat seinen Geburtsort nachhaltig auf der Landkarte der Stadt Wien verewigt. Was so lang besteht, muss seine Gäste immer und bis heute überzeugt haben. Hier gibt es einen Innenhof, der im Sommer als Gastgarten dient. Hervor-

zuheben ist Wiens älteste, noch betriebene Kegelbahn. Dort auf alle Neune zu gehen hilft immens, wenn es gilt, die Kalorien eines wunderbaren Backhendls wieder abzubauen.

Mehr noch als sonst auf unserem Spazierweg lautet beim Weitergehen unsere Devise »Nimm dir Zeit«. Denn ein paar Schritte weiter, auf Hausnummer 44, befindet sich das Toma Tu Tiempo, was ebenso viel heißt wie »Nimm dir Zeit«. Es zählt zu den besten Tapas-Bars Wiens. Tapas, Tortillas und Vino Tinto vom Feinsten. Innen hübsch eingerichtet und draußen im Sommer ein besonderes Feeling. Liegestühle laden zum Verweilen ein. Dieser Bereich dürfte seit jeher für gutes Essen und Trinken gestanden sein, hat doch die Kandlgasse, die wir gerade überquert haben, ihren Namen einem Hausschild mit der Aufschrift »Zur goldenen Kanne« zu verdanken.

In Wien lohnt es meist durchaus, durchs Durchhaus zu gehen. Man kommt schnell zum Ziel und sieht beim Gehen schöne Innenhöfe.

Weiter geht es. Wir überqueren die vielbefahrene Burggasse, über welche in früheren Zeiten die Beamten des Kaisers in gerader Linie ihren Arbeitsplatz in der Hofburg erreichten. Heute führt die Autobuslinie 48A zum Wiener MuseumsQuartier und der umliegenden Museumsmeile. Immer wieder lässt sich etwas entdecken, und sei es beispielsweise die Galerie Tschechisches Wohndesign von Radka Prutka in der Zieglergasse 65, mit ihren zu Garderoben und Sitzmöbel umfunktionierten Turngeräten aus früheren Zeiten. Das animiert uns sogleich zu einem »Weitsprung«.

Wir lassen die Bernardgasse links liegen, um einen Blick auf das Biedermeierhaus auf Nummer 81 in der Zieglergasse zu werfen.

Im Mittelteil ist ein Relief des heiligen Markus mit dem Löwen zu sehen. Die nächste Seitengasse, die Badhausgasse, ist nach dem seit bald hundert Jahren geschlossenen Marienbad benannt. Die Zieglergasse endet bei der Lerchenfelder Straße, der Grenze vom 7. zum 8. Wiener Gemeindebezirk. Wir nehmen die Erfahrung mit, dass auf der Strecke von einem Kilometer ein überreiches Angebot an Gastronomie, Kultur und bestem Wohnkomfort vorhanden ist.

Jetzt wollen wir zuerst einmal den westlichen Teil der Lerchenfelder Straße erkunden. Wir schlendern auf der linken Straßenseite, vorbei an kleineren und größeren Geschäften und kommen schließlich zur Altlerchenfelder Kirche, wo im Sommer bis Ende Oktober jeden Freitag der Lerchenfelder Bauernmarkt stattfindet. Wir gehen noch ein Stück weiter, bis zur Nummer 148 auf der anderen Straßenseite, und werfen einen Blick ins Pars, ein Lokal mit wirklich authentischer persischer Küche.

Japan in Wien – in der Lerchenfelderstraße gibt es die wahrscheinlich besten Makis und Sushis Wiens.

Weiter geht es in die entgegengesetzte Richtung, also die Lerchenfelder Straße stadteinwärts oder, um es noch genauer zu definieren, in den Osten. Und legen bei Umami 5, auf Nummer 88-90, eine Pause ein. Die Süßkartoffel-Chilicreme-Suppe ist so etwas von fein und an den Sushis haben wir auch nichts auszusetzen. Ngoc Huy Vo hat das »Umami 5«, mit Fokus auf japanische Küche, 2014 eröffnet und es ist mittlerweile ein gut besuchtes Restaurant im Grätzel. Umami, von einem japanischen Wissenschaftler entdeckt, ist übrigens neben süß, sauer, bitter und salzig die fünfte Geschmacksrichtung und kann mit »schmackhaft« oder, wie wir meinen, »wohlschmeckend« übersetzt werden.

Die Lerchenfelder Straße hat vieles zu bieten. Ab und zu lohnt es sich, einen Blick in Höfe zu werfen, so auch auf Nummer 78–80.

6. GRÄTZELTOUR

*Wir nehmen einen Pinsel und schreiben mit großen Lettern – HIER IST DAS ATELIER MINDQUARTERS.*

Denn dort befindet sich mindquarters, ein Atelier für künstlerische, angewandte und experimentelle Keramik. Michaela und Walter Meissl haben im 1. Hof ihr Atelier. Bereits im Hof wird man von keramischen Objekten empfangen. Die beiden Künstler haben auch immer wieder »Offene Ateliertage«, bei denen sie ihre neuen Arbeiten präsentieren.

Auf der rechten Seite, auf Nummer 63, gibt es ein veganes Lokal – das Superfood Deli, das Smoothies, Bowls & Coffee anbietet. Es ist das dritte seiner Art in Wien. Ein weiteres gibt es im Raimundhof im 6. Bezirk und eines in der Wohllebengasse im 4. Wir schauen beim Zubereiten der Smoothie-Bowls zu. Sie werden aus Obst, Gemüse und diversen Superfood Toppings frisch zubereitet. Sie sind nicht nur gesund, sondern schmecken auch fantastisch. Und was für uns auf dem Spaziergang besonders angenehm ist – wir können uns für unterwegs etwas Feines mitnehmen, und zwar in nachhaltiger Verpackung.

*Freundlichkeit wird hier großgeschrieben und Obst und Gemüse sind die Hauptakteure.*

Ein paar Schritte weiter gibt es ein kleines Lebensmittelgeschäft. Sein Besitzer stammt aus Usbekistan, ist seit 28 Jahren in Österreich und hat schon ein Jahr nach seiner Einreise das Geschäft eröffnet. Er gehört zu den von den meisten Menschen bewunderten Sprachtalenten, denn er kann Usbekisch, Deutsch, Russisch, Tadschikisch, Turkmenisch und vielleicht noch eine Sprache, die er vergessen hat in unserem Gespräch anzuführen. Aber es reicht auch so für unsere Bewunderung. In dem gut sortierten Geschäft bekommt man alles, was einen Greißler ums Eck ausmacht, und obendrein viele feine Köstlichkeiten wie Falafel, verschiedene Humusvarianten, feinen Käse und schönes Obst.

Wir werden noch eine Menge an Geschäften, Lokalen und Höfen passieren, bevor wir zum Durchhaus auf Nummer 13 kommen. Dort, in diesem Durchgang, befindet sich auf der linken Seite die Vollkornbäckerei Kornradl. Der Besitzer, Dieter Smolle, ist Bäcker durch und durch. Betritt man seinen Laden, wähnt man sich in einer längst vergangenen Zeit. So hat man sich als Kind eine idealtypische Bäckerei vorgestellt. Die freundliche Verkäuferin hinter der Theke bedient die Kunden und gleich daneben steht der Chef, Herr Smolle, und formt seine Teiglinge, um sie sogleich in den Ofen zu geben. Zwischendurch wirft er die Mühle an, um frisch zu mahlen. Der feine Geruch von wohlduftendem Brot steigt uns in die Nase und wir würden am liebsten gleich in ein Brot oder in ein Semmerl hineinbeißen. Dieter Smolle hat sich dem biologisch-dynamischen Demeter-Backen verschrieben. Wobei, mit der Bezeichnung »bio« hat er, wie er sagt, so sein Problem, er nennt es lieber »Natur pur«. Smolles Tag in der Backstube beginnt kurz vor zwei Uhr morgens, von eins bis vier macht er Pause, um danach bis 19 Uhr weiterzuarbeiten. Gut, dass er mit wenig Schlaf auskommt. Ursprünglich stammt Smolle aus Kärnten. 1997 kam er mit einer mobilen Backstube nach Wien und stellte sie am Karlsplatz auf. Als er bereits nach fünf Tagen seine gesamte Ware verkauft hatte, wollte er zurück nach Kärnten fahren, um Nachschub zu holen. Mit den kleinen mobilen Backöfen hätte er keine großen Mengen backen können. Doch einer seiner vielen begeisterten Kunden meinte, er solle dableiben, das Hotel Imperial würde ihm gestatten, dort kostenlos Brot zu backen. Er konnte das gar nicht glauben und bat daher einen Freund, beim Hotel nachzufragen, ob das so auch stimme. Tatsächlich wurde ihm die Küche zur Verfügung

Einmal in der Backstube vom Kornradl, möchte man diese gar nicht mehr verlassen und dem Bäcker am liebsten stundenlang beim Walken und Kneten des Teigs zuschauen.

gestellt und so gab es Smolles Brot auch weiterhin in Wien. Bald darauf zeigte ihm ein anderer Bekannter das Lokal in der Lerchenfelder Straße, was zum erfreulichen Ergebnis führte, dass »imperiales« Brot jetzt hier für die Bürger des Grätzels gebacken wird.

## Barbarella – Spezialitäten aus Sizilien

Haben Sie schon einmal ein Cannolo gegessen? Nein, dann sollten Sie es hier probieren, es wird garantiert nicht das letzte Mal sein.

Seit vier Jahren sind Paolo Strano und seine Frau Barbara Rizzuto nun schon in Wien in der Lerchenfelder Straße 16. Ihre Produktion aber befindet sich nach wie vor in Sizilien. Die beiden pendeln zwischen den zwei Welten – Österreich und Sizilien – hin und her. Es gibt hier Köstlichkeiten wie Cannoli mit Ricotta, Zitronencreme, Öl, Sugo, Pasta, Mehl, feine Honigspezialitäten, hausgemachte Mehlspeisen, Süßigkeiten, Pestos, Marmeladen, eingelegtes Obst, Kaffee, sizilianische Weine und Prosecco aus dem südlichsten Italien. Vor allem die Süßspeisen mit Honig sind das Markenzeichen von »Barbarella«. Kein Wunder, ist doch Strano Imker in dritter Generation. Seit 25 Jahren ist er im Nahrungsmittelbereich in Sizilien tätig. Eine Stammkundin und Freundin des Hauses schwärmt für die Panettoni. Sie sind von Barbara Rizzuto selbst gebacken und schmecken besonders fein. Und wie schon unser Bäcker vorhin, haben auch die beiden auf besondere Weise den Weg nach Wien gefunden. Sie bekamen nämlich eine Einladung von der hiesigen Italienischen Botschaft zur Präsen-

tation ihrer Produkte. Weil die Wiener so begeistert waren, wurden sie gefragt, ob sie nicht ganz bleiben wollten und so landeten sie zu unserem kulinarischen Glück im, von Sizilien aus gesehen, hohen Norden.

Am Ende der Lerchenfelder Straße befindet sich rechts das Hotel 25hours. Auch hier lässt sich gut Pause machen, entweder im Dachboden, mit spektakulärem Blick über die Wiener City und das MuseumsQuartier, oder bei italienischer Küche mit amerikanischem Einschlag im 1500 Foodmakers. Anschließend gehen wir im Weghuberpark, parallel zur Museumstraße, weiter.

Der Weghuberpark, heute 8.900 Quadratmeter groß, reichte ursprünglich bis zur Burggasse. Seinen Namen trägt der Park nach dem Kaffeesieder Albert Weghuber, auf dessen Gründen er entstanden war. Er errichtete damals im Park ein elegantes Sommerkaffeehaus, in dem fast täglich Konzerte und wöchentlich große Feste abgehalten wurden. Der Schauspieler Ferdinand Raimund zählte zu den Stammgästen.

## Die illustre Museumstraße

In der Museumstraße und am angrenzenden Museumsplatz zeigt Wien seine ganze Pracht an Kunst, Kultur und Wissenschaft. Die Zwillinge Kunsthistorisches und Naturhistorisches Museum sind wenige Schritte entfernt. Die zwischen ihnen thronende Kaiserin Maria Theresia weist Touristen den Weg, und auf der gegenüberliegenden Seite zieht das MuseumsQuartier mit dem Museum Moderner Kunst Stiftung Ludwig Wien und dem Leopold Museum sowie Dutzenden anderen Kultureinrichtun-

gen jährlich vier Millionen Besucher an. In der Mitte der Museumstraße steht das Volkstheater. Es wurde 1889 erbaut und ist eines der größten deutschsprachigen Theater. Ein Gebäude, das stellvertretend für ein Stück österreichischer Geschichte steht, ist der Justizpalast auf Museumstraße 12. Im Jahr 1927 wurden im burgenländischen Schattendorf ein Arbeiter und ein sechsjähriges Kind von drei Mitgliedern der konservativen »Frontkämpfervereinigung Deutsch-Österreich« erschossen, die aus einem Gasthaus heraus das Feuer auf eine unbewaffnete Demonstration von Sozialdemokraten eröffneten. Als die drei Männer freigesprochen wurden, kam es vor dem Justizpalast zu einer Demonstration. Als die Menge in das Gebäude einzudringen drohte, schoss die Polizei auf die Menschen und tötete 84 von ihnen. Diese Wunde ist in Österreich bis heute nicht völlig geheilt und erklärt das schwierige Verhältnis zwischen Sozialdemokraten und Konservativen.

Ein besonderes Juwel findet sich hinter dem Volkstheater, auf Nummer 3. Das Bellaria Kino, eines der ältesten Filmtheater Wiens, spielt hier seit Jahrzehnten Klassiker des vor allem österreichischen, aber auch internationalen Films. Sein kleiner Saal ist fast so etwas wie eine Pilgerstätte für Wiener Cineasten.

Nachdem wir das Volkstheater passiert haben, biegen wir links in die Bellariastraße ein, vorbei am Naturhistorischen Museum,

bis zum Burgring . Wir überqueren den Ring und gehen in den Volksgarten , vorbei am Pavillon, bis wir am anderen Ende am Ballhausplatz landen.

Der Volksgarten ist auf einer Seite in Form eines englischen Parks und auf der anderen Seite als französisch-barocker Plangarten angelegt. Es gibt darin einen Rosengarten mit über 3.000 Rosensträuchern von mehr als 200 Sorten zu bewundern.

## Der Ballhausplatz

Den Namen verdankt der Platz einem Gebäude, das bereits 1525 bei einem großen Stadtbrand zerstört wurde. Erzherzog Ferdinand hatte wenige Jahre zuvor ein Haus zur Pflege eines in Spanien beliebten, dem Tennis ähnlichen Ballspiels errichten lassen. Das Haus hatte nur eine kurze Geschichte und doch einen (Namen) prägenden Einfluss.

Heute ist der Ballhausplatz Synonym für die politische Macht des Landes. In dem als »Geheime Hofkanzlei« von Johann Lucas von Hildebrandt zu Beginn des 18. Jahrhunderts errichteten Gebäude residiert der Bundeskanzler, im Palais gegenüber der Bundespräsident. Unweit vom Ballhausplatz befinden sich eine Reihe von Ministerien, so beispielsweise jenes für Bildung, Wissenschaft und Forschung, das Innenministerium oder das Ministerium für Europa, Integration und Äußeres.

Angekommen beim Ballhausplatz, halten wir uns links, bis wir den Minoritenplatz erreichen. Wir wenden uns nach rechts, gehen die kurze, nach dem ersten Bundeskanzler der Zweiten Republik benannte Leopold-Figl-Gasse entlang, bis wir an ihrem Ende in der Herrengasse ankommen.

Wer wohl schon alles am Balkon des Palais Esterházy in Wien stand und hinab auf die vorbeiflanierenden Menschen blickte ...

## Die Herrengasse – das Palaisviertel

Das Grätzel zwischen Michaelerplatz und Teinfaltstraße, zwischen Volksgarten und Freyung, hat eine lange Tradition. Hier leben Menschen, die sich in diesem Ambiente heimisch fühlen und eine gemeinsame Kultur pflegen. Es hat eine lange Geschichte, die »Pars pro Toto« für die vielen schönen Ereignisse, aber auch für die Verwerfungen steht, die Wien erlebt hat. Trotz der Stürme der Zeit hat sich hier ein architektonisch geschlossenes Bild mit wunderschönen Palais erhalten, das sich mit dem ruhigen, gelassenen und eleganten Lebensgefühl der Bewohner und Geschäftsleute des Viertels paart. Wer offenen Auges durch die Gassen schlendert, kann sich das Wien der letzten fünfhundert Jahre vergegenwärtigen, befindet sich gleichzeitig in einem Stadtgebiet mit dynamischer Entwicklung, mit spannenden Menschen und ganz besonderen Geschäften. Neue attraktive Läden, Food-Stores, Restaurants, Modegeschäfte und Cafés haben sich hier angesiedelt. Die Bewohner des Grätzels genießen fürstliche Wohnqualität mit moderner Infrastruktur, zeitgeistiges Einkaufen, elegante Atmosphäre und das Lebensgefühl des historischen Zentrums von Wien.

Für lange Jahre war das Palaisviertel ein Geheimtipp in der sonst gar nicht geheimen Innenstadt von Wien. Jetzt nimmt es immer mehr Fahrt auf und präsentiert sich in seiner ganzen Schönheit

und Vielfalt. Jede Erzählung über die pulsierende Hauptschlagader des Palaisviertels, die Herrengasse, enthält an irgendeiner Stelle das Bedauern darüber, dass Straßen nicht sprechen können. So viel an Geschichte wäre hier zu erfahren, von den Tagen der Römer bis heute.

Anfangs noch außerhalb der damaligen Stadt, dem römischen Vindobona gelegen, rückte sie im 13. Jahrhundert innerhalb des Mauerrings von Wien. Dank ihres römischen Unterbaus, ragte sie über die umliegende Gegend empor und wurde wohl darum für lange Zeit »Hochstraße« genannt. Vor rund 500 Jahren errichteten die Stände (»Herren«) wegen der Nähe zum kaiserlichen Hof hier ihr Landhaus.

So kam es zum neuen Namen, der sich bis in die Gegenwart erhalten hat, wenn auch der niederösterreichische Landtag samt seinen heutigen Damen und Herren längst nach St. Pölten übersiedelt ist. Von hier aus wollen wir das Grätzel erforschen. Und es lohnt, sich dafür Zeit zu nehmen. Denn die wunderbare Architektur der vielen Palais erschließt sich erst beim genauen Hinschauen. Ein allzu eiliger Fußgänger kann die Ästhetik der Fassaden, die Großzügigkeit der Innenhöfe und die Details von Feststiegen, Ballsälen und verborgenen Kapellen nicht entdecken. Dazu braucht es Muße und gutes Schuhwerk.

Wir biegen links in die Herrengasse ein und machen eine kurze Pause im Café Central. Gleich beim Eingang sitzt ein Mann, der sich beim genaueren Hinschauen als eine Skulptur des Peter Altenberg erweist. Oft ist dieser österreichische Schriftsteller zu Lebzeiten hier gesessen und hat seine Beobachtungen notiert. Seine Zuneigung zur modernen Architektur war enden wollend. *»Wohnlich ist der Dachsbau, der Bienenkorb, der Ameisenhaufen, aber nicht die modernen Wohnungen«*, ist ein von ihm überlieferter

Das Stammlokal von Peter Altenberg im Palais Ferstel ist ein touristischer Anziehungspunkt, steht es doch in nahezu jedem Reiseführer für Wien.

Aphorismus, der jedoch für das Palaisviertel so gar nicht gelten kann, denn hier wohnt es sich gut. Neben den erwähnten fürstlichen und gräflichen Prachtbauten steht in dieser Gasse auch das erste Wiener Hochhaus, es gibt Cafés, eine Reihe von Läden und Lokalen, die einen Besuch mehr als lohnen, und viele interessante Menschen.

Gestärkt marschieren wir bis zum Michaelerplatz, um diesen als Ausgangspunkt für unseren Rundgang zu nehmen. Dort wurden bei Grabungen vor 25 Jahren Fundstücke aus verschiedenen Jahrhunderten geborgen, darunter auch archäologische Reste aus dem Vergnügungsviertel des Militärlagers Vindobona. Es ist also immer schon ein Vergnügen gewesen, von hier aus seiner Wege zu gehen. Der Architekt Hans Hollein hat diesen Platz so gestaltet, dass die Vorbeiflanierenden in die Tiefen der Geschichte hinunterblicken können, wobei fast so etwas wie eine Sogwirkung in das unterirdische, geschichtsträchtige Wien entsteht. Vom Platz führen nicht alle Wege nach Rom, sondern ganz im Gegenteil, in verschiedene Richtungen. »Sternplatz« nennt man so ein Zentrum, von dem aus mehrere Gassen und Gässchen ihren Ausgang nehmen. Am Michaelerplatz haben die Durchgänge und Wege alle ihren eigenen unverwechselbaren Charakter. Der Eingang zur Hofburg lässt uns die Macht des untergegangenen Imperiums spüren, ein gewaltiges Tor hinein in die kaiserliche Geschichte der Stadt. Die Schauflergasse führt zu den heutigen Zentren der Macht, zum Amtssitz des Bundespräsidenten, zum Kanzleramt und zu den Ministerien am Minoritenplatz.

Am Platz schauen die Fiakerpferde sehnsüchtig in die Reitschulgasse, wo ihre privilegierten Artgenossen, die Lippizaner zu Hause sind. Bleibt noch der Kohlmarkt, der sich zu einer der exklusivsten Einkaufsgassen Wiens entwickelt hat und von vielen, nach Meinung von manchem Wiener allzu vielen, bummelnden Touristen bevölkert wird. Wir stemmen uns gegen den Strom und gehen ein paar Schritte zum Palais Blankenstein. Auch wenn dort die Köstlichkeiten der Konditorei Demel süße Ablenkung versprechen, lohnt sich doch unbedingt zusätzlich ein Blick auf die frühklassizistische Fassade dieses schönen Gebäudes. Der kleine, charmante Durchgang neben der Michaelerkirche, der in die Habsburgergasse führt, ist anders als der Kohlmarkt nur den Einheimischen bekannt, die hier ungestört ihren Weg in Richtung Graben und Stephansplatz gehen können. Der Eingang zur Herrengasse, die schon beim ersten Blick eine Eleganz ausstrahlt, die nicht imperial wirkt, aber doch vornehm und von einer Gelassenheit, wie sie in der Innenstadt nur selten zu finden ist, wird von zwei bemerkenswerten Gebäuden gebildet, dem Loos-Haus und dem Palais Herberstein mit dem »Café Griensteidl«, das es in der Form leider nicht mehr gibt.

Die Herrengasse sollte man zweimal durchschreiten – einmal schlendernd von einem Lokal zum nächsten Geschäft und einmal mit dem Blick nach oben.

Das »Loos-Haus« sorgte nach seiner Errichtung für wütende Proteste der Wiener Bevölkerung, die das strenge, schnörkellose Gebäude des Architekten Adolf Loos vehement ablehnte. Heute pilgern Menschen aus aller Welt dorthin, um den wegweisenden Bau zu bewundern. Auf einer ihm gewidmeten Website finden wir ein Originalzitat des Baukünstlers, das 1910 in der Zeitung »Der Morgen« veröffentlicht wurde:

*»(...) Nun kam eines Tages ein Unglücklicher und bestellte bei mir die Pläne zu einem Haus. Es war mein Schneider. Dieser brave Mann – eigentlich zwei brave Männer – hatten mir Jahr für Jahr Anzüge geliefert und geduldig jeden ersten Jänner eine Rechnung geschickt, die, ich kann es nicht verhehlen, nie kleiner wurde. Ich konnte mich und kann mich auch heute noch nicht, trotz den*

*heftigen Remonstrationen meiner Mäzene, des Verdachtes erwehren, daß mir dieser ehrenvolle Auftrag zuteil wurde, um wenigstens eine Verkleinerung dieser Rechnung zu erzielen. Der Architekt bekommt nämlich eine Ehrengabe, das Architektenhonorar. Trotz dessen schönen Namens ist diese Ehrengabe nicht davor gefeit, von unbezahlten Rechnungen abgezogen zu werden. Ich warnte die beiden braven Männer vor mir. Vergebens. Sie wollten unbedingt die Rechnung kleiner haben – pardon – den Bau einem amtlich gestempelten Künstler übergeben. Ich sagte ihnen: Wollt ihr, als derzeit noch unbescholtene Männer partout die Polizei am Halse haben? Sie wollten es. Es ist gekommen, wie ich es vorhergesagt habe. (...)«*

Gleich gegenüber residierten Literaten, Musiker und Politiker, viele von ihnen Freunde von Adolf Loos. Im damaligen Palais Dietrichstein, an dessen ungefährem Platz heute das »Palais Herberstein« steht, hatte der Apotheker Heinrich Griensteidl ein Kaffeehaus eröffnet. Es wurde, neben dem »Café Herrenhof«, das es heute nicht mehr gibt, und dem »Café Central«, dem wir schon einen Besuch abgestattet haben, rasch zu einem Treffpunkt vieler Literaten.

Dem Blog des Museums für angewandte Kunst entnehmen wir, dass die Wiener Kaffeehäuser zu dieser Zeit fast ausschließlich von Männern besucht wurden. Frauen durften nur in Begleitung hinein. Wer einen Kaffee bestellen wollte, suchte ihn sich nach der Farbe aus, denn die verschiedenen Kaffeevariationen hatten noch keinen Namen. Der Kellner des »Café Herrenhof« trug beispielsweise immer eine Farbskala mit zwanzig nummerierten Brauntönen mit sich, um die gewünschte Farbtönung servieren zu können. Es dürfte also nicht stimmen, was der Volksmund über die Vielfalt der Kaffee-Darbringungen spöttisch erzählt:

*»In einem Wiener Kaffeehaus fragt der Ober die Gäste nach ihren Wünschen. Der eine bestellt eine Melange, der zweite einen Verlängerten, der dritte einen Mokka. Es folgt noch eine Schale Gold und ein kleiner Schwarzer. Der Ober nimmt alles auf, geht in die Küche und ruft: Fünf Kaffee, drei mit Milch, zwei ohne.«*

Das »Palais Dietrichstein« samt dem »Café Griensteidl« wurde 1897, im Zuge von massiven Umgestaltungen am Michaelerplatz, abgerissen. Der stets grantige und angriffige Karl Kraus, der gerne alles und jeden kritisierte, schrieb schon im Vorfeld dazu:
*»Wien wird jetzt zur Großstadt demoliert. Mit den alten Häusern fallen die letzten Pfeiler unserer Erinnerungen, und bald wird ein respektloser Spaten auch das ehrwürdige Café Griensteidl dem Boden gleich gemacht haben. Ein hausherrlicher Entschluss, dessen Folgen gar nicht abzusehen sind. Unsere Literatur sieht einer Periode der Obdachlosigkeit entgegen, der Faden der dichterischen Produktion wird grausam abgeschnitten.«*

So arg ist es nicht gekommen, zuerst wurde noch das Ende des Griensteidl heftig gefeiert, wie im »Illustrirten Wiener Extrablatt« zu lesen war:
*»Die treuen Stammgäste feierten den Untergang des Locales mit einem großartigen Leichenschmaus. (...) Nach Mitternacht waren sämtliche Vorräthe an Speis und Trank vergriffen und es wurden nur noch Ohrfeigen verabreicht. Sonst war die Stimmung famos (...).«*
Die Ohrfeige hatte Felix Salten Kraus verpasst, was Schnitzler in seinem Tagebuch mit den Worten vermerkte: *»(...) gestern abends hat Salten im Kaffeehaus noch den kleinen Kraus geohrfeigt, was allseits freudig begrüßt wurde (...).«*

Auch die »dichterische Produktion« ging weiter, sie verlagerte sich bloß ins »Café Central«.

Gleich neben dem »Herberstein« liegt das Palais Wilczek, in dem unter anderem Franz Grillparzer und Joseph von Eichendorff gelebt haben. Hier befindet sich heute das jugendliche Freshii, als Beweis für die glückliche Verbindung von Tradition und Moderne. Diese in den USA gegründete Franchise-Kette setzt auf gesundes Essen und erreicht ein junges Publikum in derzeit 15 Ländern. Wer bei »Freshii« zeitgeistig grün speist, darf hoffen, so stark zu werden wie die zwei Atlanten, die den Balkon des Palais stützen.

Ja es lohnt, in der Herrengasse oftmals nach oben zu schauen. Sie ähnelt in gewisser Weise einem Tal mitten in einer imposanten Bergwelt. Wer nur nach unten schaut, sieht zwar auch so manche Schönheiten, aber viele verborgene Schätze befinden sich ganz oben, die es im Stile eines Forschers zu entdecken und zu bewundern gilt.

Im »Wilczek« hat das Wiener Büro des Auktionshauses Sotheby's seinen Sitz. Das US-Unternehmen blickt in seiner Heimat auf eine lange Geschichte zurück, gilt es doch als der erste Betrieb, der an der New Yorker Börse notierte. Man könnte also sagen: Amerika liebt das »Wilczek«. Weil das Palaisviertel der richtige Ort für Kunst ist, hat auch ein zweites wichtiges Auktionshaus hier einen Sitz: Christies residiert in einem ehemaligen Bankgebäude an der Ecke von Bankgasse und Herrengasse.

Im The Viennastore finden Touristen wie Einheimische originelle Mitbringsel für jede Gelegenheit. Ein »Museumsshop ohne Museum« nennt es die Eigentümerfamilie Hamtil, und tatsächlich kommt man hier, wie auch im zweiten Geschäft auf der gegenüberliegenden Straßenseite, aus dem Staunen nicht heraus. Da gibt es von Augarten hergestellte Porzellandosen im Stile von

Faschingskrapfen oder Kaisersemmeln, ein Puzzle, aus dem ein »Wiener Schnitzel« entstehen soll oder nette Mitbringsel für Kinder wie etwa die »Wiener Jausendose« und viele Bücher. Die Hamtils präsentieren ein Wien zwischen Tradition und Moderne, mit der Leichtigkeit und dem Schmäh, der diese Stadt auszeichnet.

Wir verlassen den Store und gehen nebenan in die Zuckerlwerkstatt. Auf wenigen Quadratmetern werden hier, direkt vor dem staunenden Publikum, die Süßigkeiten unserer Kindheit in allen Farben und Formen erzeugt und verkauft. Wer genaue Vorstellungen davon hat, wie seine Zuckerl ausschauen sollten, kann sie sich »designen« lassen. Und niemand kauft hier nur, weil er ein Geschenk braucht. Ein bisschen was muss in den eigenen Mund, die Verführung ist einfach zu groß.

Der Inhalt der Gläser lässt nicht nur Kinderherzen höherschlagen. Ab und zu kann man auch zuschauen, wie die ZuckerIn in Form gebracht werden.

Die beiden nächsten Läden zeigen erneut aufs Beste die Vielfalt des Palaisviertels zwischen Innovation und Tradition. United Nude Vienna ist ein Brand für trendige Schuhe. Präsentiert werden sie elegant in einem abgedunkelten Raum, der die beleuchteten Produkte perfekt zur Geltung bringt. Ruhig und traditionell geht es daneben im Hutgeschäft von Inge Eisenhut zu. Sie bietet ein reiches Sortiment an Hüten und Kappen an, darunter Modelle, die wir immer schon getragen haben und weiterhin tragen wollen.

## Innen Ministerium, außen wir

Nach so viel ästhetischen und geschmacklichen Highlights sind wir für den Ernst des Lebens gerüstet, der uns auf der gegenüberliegenden Straßenseite erwartet. Es wird nämlich ganz amtlich-offiziell österreichisch. Das »Palais Modena« wurde 1842 von seinem Besitzer Erzherzog Franz von Modena an den Staat verkauft, der hier sogleich die »Oberste Polizei- und Zensur-Hofstelle« ansiedelte. Sie achtete streng darauf, dass nichts und niemand die autoritäre Ruhe des Kaiserstaats störte. Heute ist in dem Prachtbau das Innenministerium angesiedelt. Auch wenn die Beamten am Eingang des Ministeriums freundlich blicken, kommen wir doch an ihnen nicht vorbei. So können wir nur die zwei riesigen Eingangstore, die 18 Fensterachsen und die wunderschönen Balkone bewundern. Was wir nicht sehen, sind unter anderem die Feststiege, die aus Kaiserstein, einem besonders widerstandsfähigen Leithakalk aus dem im Burgenland gelegenen Kaisersteinbruch gefertigt wurde, und die neu renovierte Hauskapelle. Sie hatte bis vor etwas mehr als zehn Jahren für lange Zeit als Abstellkammer gedient, wurde schließlich mit Spendengeldern wiederhergestellt und mit einem Altarkreuz von Arnulf Rainer ausgestattet.

Das neben dem Ministerium gelegenen Haus Nummer 9, das Palais Mollard-Clary, blickt wie all die prächtigen Gebäude im Grätzel auf eine lange Geschichte zurück. Bleiben wir jedoch in der Gegenwart und schauen uns an, was das Haus heute zu bieten hat. Es wird von der Österreichischen Nationalbibliothek genutzt und beherbergt das Esperantomuseum, die Musiksammlung und das Globenmuseum. Vor allem letzterem gebührt unsere staunende Aufmerksamkeit. Und es gibt dazu, wie zu allem im Leben, einen Witz, den man sich in den Kaffeehäusern der Stadt, im »Central«, dem »Herrenhof« oder dem »Griensteidl«, ehedem erzählt hat: Ein Mann kommt in ein Reisebüro und sagt, dass er auf Urlaub fahren wolle und was man ihm da denn empfehlen könne. Nein, er habe gar keine Idee, wo er hinwolle, man möge ihm doch bitte helfen. Der Geschäftsinhaber

führt ihn daraufhin zu einer kleinen Weltkugel und sagt: »*Drehen Sie die Kugel, schließen Sie dabei die Augen und tippen Sie mit dem Finger auf eine Stelle. Wo immer Sie auch hinzeigen, wir buchen für Sie eine perfekte Reise.*« Der Kunde tut, wie ihm geheißen, sein

Es gibt zwar nur eine Welt, aber sie lässt sich in ganz verschiedenen Weltkugeln darstellen.

Finger zeigt auf Nordkorea. Der Berater runzelt die Stirne und meint: »*Dort herrscht ein unberechenbarer Despot, das wäre zu gefährlich.*« Der Kunde dreht erneut und kommt auf Nigeria. »*Nein, das wollen Sie nicht*«, sagt der Geschäftsinhaber, »*dort herrscht Armut und es gibt immer wieder schreckliche Anschläge.*« So dreht der Kunde und kommt auf immer neue Gefahrenherde. Schließlich wendet er sich zum Berater um und fragt ihn: »*Entschuldigen Sie, Sie haben nicht zufällig noch eine andere Weltkugel für mich?*« Den Inhaber eines Reisebüros kann man so leicht in Verlegenheit bringen, nicht jedoch die Nationalbibliothek. Auf ihrer Webiste ist eine unglaubliche Fülle an Objekten für das in der Herrengasse residierende Museum notiert, so etwa rund 700 Erd- und Himmelsgloben, Mond- und Planetengloben sowie globenverwandte Instrumente.

## Unerlaubt hoch hinaus

Wir drehen die Weltkugel, unser Finger fällt auf Wien und wir schreiten hinüber zum ersten Hochhaus der Stadt. Es wurde Anfang der 1930er-Jahre errichtet und ist damit ein Jungspund unter den Häusern des Palaisviertels. 52 Meter Höhe würde heute kaum mehr zum Prädikat Hochhaus reichen, aber als es gebaut wurde, löste es noch viele widersprüchliche Reaktionen aus. Die einen sahen das Profil der Herrengasse durch den neuen Bau zerstört, während andere forderten, dass gleich ein echter Wolkenkratzer mit 200 Meter Höhe errichtet werden sollte. Schließlich wurden 16 Geschoße mit 235 Wohnungen gebaut, viele von ihnen als »Junggesellenwohnungen« konzipiert, um den neuen gesellschaftlichen Entwicklungen hin zum Singleleben Rechnung zu tragen. Das Hochhaus galt wegen seines modernen Baustils und der Lage inmitten der vielen Palais bald als eine Nobeladresse Wiens. Unter anderem wohnten hier Paula Wessely, Curd Jürgens und Susi Nicoletti. Auch heute leben viele Prominente im Hochhaus, von denen die meisten die Anonymität lieben und daher hier nicht genannt werden sollen.

In einer Art Glaszylinder vor dem Eingang wurde vor wenigen Jahren von Unger & Klein, gemeinsam mit Martin Riegler, das Wein-Kaffee im Hochhaus eröffnet. Die im Stil einer italienischen Espresso-Bar geführte Location im Glaszylinder ist ein netter Treffpunkt für einen schnellen Espresso oder ein Glas Prosecco. Auch die Produzenten der ORF-Serie »Vorstadtweiber« haben vor einiger Zeit das Kabäuschen entdeckt und es als Drehort verwendet. Aber wir wollen jetzt ins Hochhaus, und das ist gar nicht so einfach, denn im Foyer sitzt ein Hausmeister, neudeutsch Concierge, und will wissen, was unser Begehr ist.

Schräg vis-à-vis: Ausblick vom Dachboden des Palais Kinsky zur Schottenkirche.

Wir dürfen, wie er sagt, kurz hinein, fahren aber zuerst, ganz unbotmäßig, in den obersten Stock. Hatte das Hochhaus wegen seiner zurückversetzten Struktur von unten noch recht klein gewirkt, so sind wir jetzt umso überraschter darüber, was sich unseren Blicken bietet. Eine wunderbare Sicht über die Häuser, auf Höhe der Kirchturmspitzen der Umgebung, ist der Lohn für unser antiautoritäres Verhalten.

Wir verlassen das Hochhaus, nicht ohne nochmals schuldbewusst zum Portier zurückzublicken. Vielleicht hat er ja unseren Ausflug in das oberste Stockwerk mitbekommen. Er aber lässt uns ungeschoren ziehen und wir verlassen die Herrengasse. Wir gehen durch den »Haarhof«, vorbei an der Station »Herrengasse« der U3, hinüber zum Eingang des Palais Esterházy in der Wallnerstraße, einem großen, dreigeschoßigen Bau, der sich zwischen Wallnerstraße, Haarhof, Naglergasse und Neubadgasse erstreckt. Am Anfang des 17. Jahrhunderts standen auf dieser Fläche noch 14 Häuser, die nach und nach von der Familie

Esterházy erworben wurden. Das Palais wurde dann am Ende des Jahrhunderts fertiggestellt. Heute noch hängt am Balkon in der Wallnerstraße das goldene Familienwappen der Fürstenfamilie. Melinda Esterházy, Witwe und Alleinerbin des letzten Regenten Paul V., hat das Palais allerdings nach dessen Tod 1989 an die nächsten Verwandten verschenkt.

Den Turmbewohnern könnte man fast neidig sein. Sie genießen einen Rundumblick mitten im Zentrum von Wien.

Gleich beim Eingang entdecken wir ein Loch im Tor, das ein Überbleibsel von einem russischen Granatsplitter aus dem Zweiten Weltkrieg ist. In der Fassade des Palais finden sich noch andere Relikte aus einer viel weiter zurückliegenden Vergangenheit: Einschlaglöcher von Kanonenkugeln aus der Zeit der Türkenkriege. Wir gehen weiter in den Hof des Palais. Über uns erblicken wir einen auf das Gebäude aufgesetzten, quadratischen Turm. Die drei Etagen des Turms sind bewohnt. Im obersten Stockwerk, direkt unter den nach wie vor vorhandenen, nur durch einen Baldachin abgedeckten Turmglocken befindet sich, wie wir aus verlässlicher Quelle erfahren haben, das Bett der Bewohner.

Das »Palais Esterházy« verfügt über eine Hauskapelle. Das nicht öffentlich zugängliche Bethaus wurde dem Heiligen Leopold geweiht und birgt einen barocken Altar und eine Orgel. Das Altarbild zeigt Leopold III. und die Wappen der Familien Visconti und Esterházy. Die große Orgel aus 1800 ist nicht mehr funktionsfähig, weil eine professionelle Restaurierung einfach zu viel kosten würde. Joseph Haydn, dem nahezu lebenslangen Komponisten des Hauses Esterházy, der in der Kapelle selbst spielte, wollen wir dieses Sakrileg nicht verraten. Wie denn auch – Haydn starb bereits 1809 und ist in Eisenstadt nahe dem Schloss Esterházy begraben. Nur seine Werke erfreuen uns nach wie vor.

Die leider nicht mehr funktionsfähige barocke Orgel in der Hauskapelle des Palais Esterházy.

Die Prunkräume wurden an eine Bank vermietet und sind nicht öffentlich zugänglich. Es gibt mehrere Salons, eine kleine und eine große Ahnengalerie, einen früheren Speisesaal mit einem großen Empire-Ofen, der wie ein Kunstwerk in einer Ecke steht, sowie das Vieux-Laque-Zimmer, dessen Wände komplett bis oben hin mit chinesischen Lacktafeln ausgestattet sind. Einen solchen Raum, wie er im 18. Jahrhundert in Mode kam, findet man auch im Schloss Schönbrunn. Die Holzplatten des »Palais Esterházy« wurden auf hoher See fertig lackiert, weil die Luft dort staubfrei war. Sie sind kunsthistorisch äußerst wertvoll, wurden die Malereien im Laufe der vielen Jahre doch nie überarbeitet und sind also im Originalzustand erhalten. Ende der 1990er-Jahre wurden sie sachgerecht restauriert. Heute dient der Saal der Bank als Sitzungsraum und Büro.

**6. GRÄTZELTOUR**

Noch nicht müde? Dann gehen wir doch gemeinsam auf einen Imbiss. Zwei Lokale stehen uns direkt im »Palais Esterházy« zur Verfügung. Die Pizzeria Regina Margherita will uns mit neapolitanischen Genüssen verführen. Speziell in der warmen Jahreszeit lässt es sich in ihrem Außenbereich, im Hof des Barockpalais (Eingang Wallnerstraße), wunderbar abhängen.

Wir aber biegen in den »Haarhof« ein, einem verwunschen wirkenden kleinen Platz, und betreten eine Altwiener Institution, den Esterházykeller.

Eine Steintreppe führt über zwei Geschoße hinab in die Tiefe. Viele junge Wiener jeder Generation haben hier ihr erstes Glas Wein getrunken, ihrem Gegenüber tief in die Augen geschaut und sich Liebe, ja ewige Liebe geschworen. Das beweist ganz eindrücklich ein Tisch in einer Nische im

Der Ésterhazykeller ist eine Institution und in so ziemlich allen Reiseführern angeführt. Der alte Holztisch hat schon manches Liebespaar gesehen.

hinteren Bereich des Lokals. Er ist auf seiner ganzen Fläche mit eingeritzten Namen, Sprüchen und Liebesbezeugungen überzogen, die zumeist mit Tag, Monat und Jahr datiert sind. Die Einträge zeigen, dass dieses Möbel zumindest schon 50 Jahre hier steht, um jungen Liebespaaren geduldig zu dienen. Früher gab es in Wien kaum Lokale für junge Menschen, was dazu führte, dass sich vor dem Keller mitunter lange Warteschlangen bildeten. Dieter Sagan, der Chef des Hauses, war ursprünglich bei Fürst Paul Esterházy angestellt, später hat ihm

dessen Witwe Melinda ermöglicht, das Lokal selbst zu übernehmen. Noch weit älter als der Tisch mit den eingeritzten Namen ist der Keller selbst, gehen doch die handgemachten Ziegel auf das 15. Jahrhundert zurück. Die Geschichte erzählt, dass während der türkischen Belagerung Wiens von 1683 Fürst Paul I. Esterházy zur Verteidigung der Stadt Soldaten beistellte und sie vor dem Einsatz im Keller mit Wein versorgte, um ihren Kampfesmut zu stärken. Wer die jugendliche »Sturm und Drang-Zeit« schon hinter sich hat, gönnt sich schlicht ein Viertel Wein. Der hier ausgeschenkte stammt zum Großteil vom Weingut Esterházy aus dem Burgenland, macht aber heutzutage eher fröhlich, denn kämpferisch.

Verbleiben wir noch ein wenig in der Wallnerstraße. Gegenüber dem »Palais Esterházy« sehen wir ein weiteres prächtiges Gebäude.

Dieser mehrfach umgebaute Prachtbau, das Palais Lamberg in der Wallnerstraße 3, wurde im Jahr 1740 von Franz I. Stephan von Lothringen, dem Mann von Kaiserin Maria Theresia erworben. Es war für ihn so etwas wie ein »Forschungszentrum«, in dem er sich mit Alchemie, Numismatik, aber auch mit Finanzgeschäften befasste. Der für das Palais verwendete Name »Kaiserhaus« weist auf seinen hochgestellten Besitzer hin. Historiker bescheinigen Franz Stephan einen ausgesprochen bürgerlichen Geschäftssinn. Er galt als Finanzexperte, der wusste, wie man sein Kapital gewinnträchtig veranlagt. Sein Ruhm bleibt zwar hinter dem der Kaiserin zurück, aber er hat ihr und der Monarchie angeblich öfter aus der finanziellen Patsche geholfen.

Auf der gegenüberliegenden Seite, neben dem »Palais Esterházy«, folgen in Richtung Strauchgasse drei weitere Edelsteine im Diadem des Palaisviertels. Gleich neben den Esterházys residierten die Pálffys, ein weiteres ungarisches Adelsgeschlecht. Heute dient es als Sitz der Organisation für Sicherheit und Zusammenarbeit in Europa (OSZE), die in unseren kriegerisch sich entwickelnden Zeiten immer mehr an Bedeutung gewinnt. Das Palais Caprara-Geymüller gehörte ursprünglich dem Generalfeldmarschall Enea Silvio Graf von Caprara, von dem heute noch bekannt ist, dass er wegen seiner unverträglichen Art unter seinesgleichen höchst unbeliebt war. Ein schlechter Ruf lebt auch noch 300 Jahre nach dem Tod des Griesgrams weiter. Im Laufe der Geschichte kauften die Brüder Geymüller, einer von ihnen ein reicher Bankier und Fabrikant, das Palais. Ihr Wesen ist nicht übermittelt, vermutlich waren sie also einfach freundliche Leute. Das Palais selbst besticht durch seine italienische Architektur, die ihm das Erscheinungsbild eines Außenseiters in der Gebäudelandschaft des Palaisviertels verleiht.

Ein alltägliches Bild in Wien – die Fiaker sind Teil des Stadtbildes.

Wir biegen jetzt in die Strauchgasse ein, wo sich zur Rechten das Palais Montenuovo befindet. In diesem langgestreckten Palais sind heute die Büros der Oesterreichischen Kontrollbank untergebracht. Der Innenhof wurde vom Vorbesitzer, der »Anglo-Österreichischen Bank« mit einem Glasdach versehen und in einen Kassenraum umgewandelt. Heute dient der »Reitersaal« für Vorträge und sonstige Veranstaltungen. Besuchen kann diesen Raum nur, wer dort eingeladen ist, darüber wacht ein an der Hausfassade applizierter Türke zu Pferd, der seinen Krummsäbel schwingt.

Auf der gegenüberliegenden Straßenseite sehen wir die Seitenfassade eines weiteren Palais, das wir von der Freyung her betreten. Dieses Palais ist ein Jüngling unter den Gebäuden im Palaisviertel. Reichsgraf Maximilian von Hardegg ließ das Gebäude 1847 errichten. Es war von vornherein so konzipiert, dass

die Familie die Beletage bewohnte und die restlichen Flächen vermietet wurden. Die schmale Fassade des Gebäudes täuscht über seine wahre Größe hinweg. Es reicht weit nach hinten und geht architektonisch eine enge Verbindung mit dem Nachbarpalais, dem Ferstel ein. Christoph Wagner, Sascha Adzic und Wolfgang Jappel betreiben hier das von der Freyung her begehbare Stadtcafé, ein modernes Kaffeehaus, das als Treffpunkt für Entspannung und Kraftaufnahme gilt. Das können wir brauchen, denn im Palaisviertel warten noch viele andere sehenswerte Häuser auf uns.

Das »Ferstel« ist sogar noch etwas jünger als das »Hardegg«. Das 1859 errichtete Gebäude wurde nach einem Entwurf von Heinrich von Ferstel gebaut, dem die Aufgabe erteilt worden war, ein multifunktionales Gebäude für Nationalbank, Börse, ein Kaffeehaus – das »Central«, dem wir schon einen Besuch abgestattet haben – und Geschäfte zu errichten. Es galt vor rund 150 Jahren als das modernste Gebäude Wiens. Im Zweiten Weltkrieg wurde die Fassade des Gebäudes stark beschädigt. Bis in die 1970er-Jahre befand es sich dann in einem Dornröschenschlaf. Ein paar Mieter lebten im Haus und dann war da noch ein wundersamer Anachronismus. Mitten im Palais, genauer in seinem Festsaal, wurde Basketball gespielt. Begonnen hatte der Spielbetrieb sechs Jahre nach Ende des Zweiten Weltkriegs, zu Zeiten, als in Wien bittere Not bestand und es an allem mangelte.

Alte Ansicht des Ballsaals des Palais Ferstel – als man hier noch Basketball spielte.

Im Winter trainierten die Spieler bei Temperaturen unter null Grad, denn erst nach sechs weiteren Jahren wurde eine Heizung installiert. Die Spieler gingen über die Feststiege in den ersten Stock, die Duschen waren hinter Pawlatschen aufgestellt, im Winter froren die Leitungen ein. Die prächtigen Luster, die nach wie vor im Festsaal hängen, wurden damals einfach höhergezogen. 20 Jahre lang diente der Festsaal den Spielern des Wiener Landesverbands als Sporthalle, bis dann eine neue Verwertung des Gebäudes geplant wurde.

Im Jahr 1975 wurde das Palais durchgreifend renoviert. Das »Café Central« erstrahlte in neuem Glanz und ist jetzt wieder eines der großen Repräsentanten der Wiener Kaffeehauskultur.

Im »Café Central« sind 16 Patisseure beschäftigt, die unglaubliche 90.000 Apfelstrudel im Jahr backen. Kein Wunder, dass so viele ausländische Wien-Besucher zu Hause feststellen, dass sie in dieser Stadt arg an Gewicht zugenommen haben. 480.000 Gäste kommen jährlich ins »Central« und genießen die Köstlichkeiten von selbstgemachten Croissants über alle Arten von Torten bis hin zum klassischen Kaiserschmarrn. Einer der Stammgäste war der Eigentümer des »Palais Ferstel«, Karl Wlaschek. Der alte Herr hat das Grätzel sehr geliebt.

Die gedeckte Passage zwischen den Eingängen Herrengasse und Freyung erinnert an italienische Prunkbauten. Sie lag lange buchstäblich im Halbdunkel einer ungenügenden Beleuchtung, wurde jedoch vor wenigen Jahren künstlerisch illuminiert und bietet heute ein helles, freundliches Ambiente, in dem angenehm zu flanieren und einzukaufen ist.

Anziehungspunkt für alle, die hier entlanggehen, ist der im sechseckigen Basarhof befindliche Donaunixenbrunnen, der ebenfalls mit einer neuen Beleuchtung versehen wurde. Über dem marmornen Brunnenbecken erhebt sich eine Säule mit einer Bronzefigur, dem Donauweibchen mit wallendem Haar, das einen Fisch in der Hand hält. Während in den Sagenbüchern erzählt wird, dass manche Nixe sich einen schönen Jüngling zum Geliebten erkoren und ihn in die Fluten hinabgezogen habe, aus denen er nie mehr emporgekommen sei, ist Ähnliches von der Ferstelpassage nicht überliefert. Sie steht hier schon lange. Allerdings kann sich der Passant hier angesichts der schönen Läden, die wir als Nächstes anschauen wollen, schon ein wenig verlieren.

## Wo der Genuss ganz amtlich wird

Neben schicken Interieur-Geschäften und Handwerksbetrieben hat sich ein kleines, feines Kulinarik-Mekka etabliert. Wie überhaupt das Grätzel Palaisviertel alles hat, was man braucht, unbedingt haben will und vielleicht einfach nur für ein paar Momente genießen möchte. Legt man die Tour durch die Passage von der Herrengasse aus an, so stößt man auf der linken Seite auf das Palais Interiors, das Geschäft von Susanne Solterer, mit seinen feinen Wohnaccessoires, Möbeln und Textilien, alles geschmackvoll und in hoher Qualität.

Nach dem Brunnen wird es auf der rechten Seite »amtlich«. Dort hat der bekannte Koch und Gastronom Toni Mörwald vor drei Jahren sein Kochamt eröffnet. »Das Kochamt hat noch gefehlt bei den vielen Ämtern, die es in Österreich gibt«, erklärt uns Mörwald schmunzelnd. Er bietet in dieser wunderschönen Location alles

»*Das Kochamt hat noch gefehlt bei den vielen Ämtern, die es in Österreich gibt.*«

*»Ja sicher ... und ich freue mich jedes Mal, wenn ich bekocht werde – es taugt mir und ich bin sehr begeisterungsfähig.«*

Vive la France – man muss nicht immer weit reisen, um dem Alltag zu entkommen.

an, was mit Kochen, Essen und Trinken zu tun hat. Man kann das Kochen erlernen oder nur dabei zuschauen, die besten Delikatessen kaufen und vieles mehr. Wir fragen den Spitzenkoch bei unserem Rundgang durch sein Amt, ob ein Spitzenkoch Freunde habe, die sich trauen, ihn zu bekochen. »Ja sicher«, sagt er, »und ich freue mich jedes Mal, wenn ich bekocht werde – es taugt mir und ich bin sehr begeisterungsfähig.« Toni Mörwald engagiert sich aktiv dafür, dass das Grätzel attraktiver wird.

Auf der gegenüberliegenden Seite finden wir einen weiteren schönen Ort – ein »beau lieu«, wie es auf Französisch heißt. Die Betreiber des BEAULIEU lieben Frankreich und seine Delikatessen. Also kann man sich im Bistro mit Spezialitäten verwöhnen lassen oder im Shop aus über 50 Käsesorten wählen. Nach der langen Grätzelwanderung eine Empfehlung, die wir gerne annehmen. Voilà.

Nach der Verführung im »Beaulieu« müssen wir noch den Rest der Passage erkunden. Neben dem »Kochamt« ist die Vitrine der Schokoladenmanufaktur Xocolat mit rund 65 Sorten Pralinen gefüllt. Mit »Xocolat« haben wir schon bei unserer Wanderung in der Servitengasse Bekanntschaft gemacht. Es ist bunt, es ist schön, aber am besten erschließt sich das alles, wenn man sich verwöhnt und die herrlichen Süßigkeiten auf der Zunge zergehen lässt.

Wir gehen gestärkt aus dem »Ferstel« und setzen unseren Weg auf der Herrengasse in Richtung Teinfaltstraße fort. Der dritte Bruder von »Hardegg« und »Ferstel« im Dreieck der Palais zwischen Freyung und Herrengasse, das Palais Harrach, ist an der Barockarchitektur Italiens orientiert. Im Gebäude wurde durch viele Jahre Kunst aufbewahrt und gezeigt. Zuerst beher-

bergte das Palais die Harrach'sche Kunstsammlung und später, bis 2003, diente es dem Kunsthistorischen Museum als Ort für Sonderausstellungen. Die Kapelle »Maria Empfängnis«, im Erdgeschoß des Palais, viele Jahre verschlossen und unzugänglich. Als einen kleinen Beitrag zur weiteren Verschönerung der Herrengasse haben die heutigen Eigentümer die Kapelle restaurieren lassen. Durch eine Glasscheibe können Passanten dieses Kleinod jetzt bewundern.

Auf der gegenüberliegenden Seite folgt eine weitere Perlenkette an Palais mit wohlklingenden Namen – Batthyány, Trauttmansdorff, Porcia und Kinsky.

## Wo Geschichte geschrieben wurde und wird

Geschichtlich hat vor allem das »Batthyány« einiges zu bieten. Es wurde zu Beginn des 18. Jahrhunderts von Eleonore Gräfin Batthyány in Auftrag gegeben. Die »schöne Lori«, wie sie wegen ihres guten Aussehens genannt wurde, war die Freundin des schon alten Prinz Eugen und soll im Palais, so schreibt es jedenfalls Wikipedia, mit ihm das englische Kartenspiel Whist gepflegt haben.

200 Jahre später war im Palais ein Hotel eingemietet, das zu Berühmtheit gelangte, weil Oberst Alfred Redl hier wohnte, dessen Enttarnung als Spion für Russland im Jahr 1913 ungeheures Aufsehen erregte.

Der Fall Redl wurde später mehrfach verfilmt. Die bisher letzte Fassung aus 1985 mit dem Titel »Oberst Redl«, von Regisseur István Szabó mit Klaus Maria Brandauer, Armin Mueller-Stahl und Gudrun Landgrebe, war für den Oscar nominiert.

Den beeindruckenden bunten Deckenfresken im Palais Kinsky ganz nah.

## IT und Tradition

In der jüngeren Geschichte beherbergte das Palais Porcia wichtige österreichische Institutionen wie den Verwaltungsgerichtshof oder den Rechnungshof. Heute befindet sich hier das »Zentrum für Informations- und Kommunikationstechnik« des Bundeskanzleramts. Wie an vielen Plätzen des Palaisviertels, vereinigt sich die Tradition des Gebäudes mit einer heutigen, modernen Nutzung.

Wir gehen weiter die Herrengasse entlang, die jetzt zur Freyung wird, und kommen zur Teinfaltstraße, die von aufmüpfigen Beamten, die früher dort ihren Arbeitsplatz hatten, auch despektierlich »Einfaltstraße« genannt wurde. Wir gehen hinein in das Palais Kinsky.

## Der Fürst am Flohmarkt

Die Türgriffe am Eingangstor des Palais wurden zu Beginn der 1980er-Jahre, als das Palais noch im Besitz der Familie Kinsky war, von einem frechen Dieb entwendet. Fürst Kinsky erfuhr durch Zufall, dass die edlen Stücke am Wiener Flohmarkt zum Verkauf angeboten wurden, ging hin und kaufte sie einfach zurück. Dann ließ er Abgüsse machen und diese montieren. Die Originale sind weiterhin im Besitz der Familie und werden jetzt wohl an einem sicheren Ort aufbewahrt. Auf der edlen Feststiege zeigen uns Skulpturen den Weg zum renommierten Auktionshaus im Kinsky. Jährlich finden hier mehrere Auktionen mit Schwerpunkt auf österreichischer Kunst statt.

Was sieht er da im Innenhof des Palais Kinsky? Dem wollen wir auf den Grund gehen.

## Politik im Palais

Das Palaisviertel erstreckt sich noch weiter in Richtung Burgtheater und Volksgarten. Auf unserem Weg zur letzten Station, die wir besuchen wollen, dem Palais Liechtenstein, sehen wir drei weitere wunderschöne Gebäude. Vom Palais Strattmann-Windischgraetz, in der Bankgasse 6, weht die ungarische Fahne, es ist Sitz der Botschaft unseres Nachbarlands. Das Palais Starhemberg am Minoritenplatz beherbergt das Ministerium für Bildung, Wissenschaft und Forschung. Im ehemaligen Palais Dietrichstein-Ulfeld befindet sich der Sitz des Ministeriums für öffentlichen Dienst und Sport.

Wenn die Gäste nach einem Empfang das »Dietrichstein« verlassen, sehen sie durch die Bruno-Kreisky-Gasse hinüber zum

Bundeskanzleramt und zum Amtssitz des Bundespräsidenten in der Hofburg. Wir folgen diesem Weg und biegen nach rechts in die Löwelstraße ein. An der Ecke zur Bankgasse befindet sich das im Stil des Hochbarocks erbaute »Palais Liechtenstein«. Hier residiert die diplomatische Vertretung des Fürstentums Liechtenstein für Österreich und Tschechien, die sich das Gebäude mit der Spanischen Botschaft teilt. Im Gebäudeblock gibt es einen Tiefenspeicher für die Wiener Teile der Kunstsammlung des Fürstenhauses. Wer das Haus besichtigen will, kann sich zu einer Führung anmelden.

## Ein Grätzel als Gesamtkunstwerk

Kunst ist im Palaisviertel allgegenwärtig. Die Gebäude sind Zeugen für die Werke von Baukünstlern aus vielen Jahrhunderten bis heute. Fassaden, Feststiegen, Kapellen, Skulpturen und Wandmalereien, wir sind von einem Reichtum an Kultur umgeben, wie er in dieser Dichte selten zu finden ist. Darum haben sich auch viele Galerien, Kunsträume und Auktionshäuser im Grätzel niedergelassen, die zu besuchen es einen eigenen Spaziergang lohnt.

Wir aber verzichten darauf, denn wir sind nicht nur am Ende unserer Grätzelwanderung, sondern auch an jenem unserer Kräfte angelangt.

# Unsere Lieblings-Spots im Grätzel:

### Jarosinski & Vaugoin
Eine feine Auswahl an Tafelsilber, von klassischen Formen bis hin zu modernen Designstücken.
1070, Zieglergasse 24
vaugoin.com

### Westlicht
Kultstätte und Ausstellungsort für Fotografie, ein Kameramuseum und ein Café.
1070, Westbahnstraße 40
westlicht.com

### Zur Stadt Krems
Alt-Wiener Gasthaus mit Kegelbahn. Berühmt für seine Backhendln.
1070, Zieglergasse 37
stadtkrems.steman.at

### Toma Tu Tiempo
Kleine, feine Tappas Bar. Innen loftartiges Design und draußen im Sommer garantiertes Urlaubsfeeling.
1070, Zieglergasse 44
tomatutiempo.at

### Tschechisches Wohndesign
Ausgewählte Designstücke von unseren nordöstlichen Nachbarn.
1070, Zieglergasse 65
tschechisches-wohndesign.at

### Pars Persisches Lokal
Ein gutes persisches Restaurant mit authentischem Ambiente.
1080, Lerchenfelder Straße 148
pars.at

### Umami 5
Japanische Küche vom Feinsten. Ob Kokossuppe mit Garnele oder ein warmes Schoko-Chili-Törtchen, alles ist wohlschmeckend.
1080 Lerchenfelderstraße 88–90
umami5.at

### mindquarters
Das Keramik-Atelier von Michaela und Walter Meissl ist ein Ort für Kunstinteressierte.
1080, Lerchenfelderstraße 78–80
(1. Hof)
mindquarters.net

### Superfood Deli
Für Genießer von vegetarischer, gesunder Kost sehr zu empfehlen.
1070, Lerchenfelder Straße 63
juicedeli.at

### Vollkornbäckerei Kornradl
Dieter Smolle bäckt seit rund 20 Jahren Bio-Vollkorn-Brot. Das Korn dazu mahlt er täglich frisch. Und wer es selbst wissen möchte, kann auch einen Workshop bei ihm besuchen.
1070, Lerchenfelderstraße 13
(Durchhaus)
kornradl.at

### Barbarella
Blau-weiße Fliesen und eine Vitrine voll von feinen sizilianischen Spezialitäten lassen Urlaubsfeeling aufkommen. Sugo, Pasta, Honig und noch mehr türmen sich in den Regalen. Dazu gibt es Panettoni, die im Familienbetrieb in Sizilien selbst gefertigt werden.
1080, Lerchenfelderstraße 16
facebook.com/barbarellasizilien/

### Dachboden im 25hours
Das wohl spektakulärste Wohnzimmer Wiens über den Dächern der Stadt mit traumhaftem Ausblick.
1080, Lerchenfelderstraße 1–3
25hours-hotels.com/restaurantsbars/wien/dachboden

### Zuckerlwerkstatt
Handgemachte Glücksmomente aus natürlichen und regionalen Rohstoffen. Seit 2013 gibt es den Shop im Hochhaus in der Herrengasse.
1010, Herrengasse 6–8
zuckerlwerkstatt.at

### Stadtcafé
Modernes Kaffeehaus im Palais Ferstel auf der Seite zur Freyung.
1010 Wien, Freyung 1
(Palais Ferstel)
stadtcafe-wien.at

### Palais Interiors
Ausgesuchtes, individuelles Wohndesign von anerkannten Manufakturen.
1010 Wien, Herrengasse 14
(Palais Ferstel Passage)
palais-interiors.com

### Kochamt
In der edel eingerichteten Hauben-Koch-Boutique werden alle Facetten des Kochens, Essens und Trinkens zelebriert.
1010, Herrengasse 14
(Palais Ferstel Passage)
moerwald.at/kochamt-misc-2/

### Beaulieu
Wie wäre es mit einem »Pôt au feu de la mer« im Bistrot in der Ferstelpassage?
1010, Herrengasse 14
(Palais Ferstel Passage)
beaulieu-wien.at

### Xocolat
Die ganze Welt der Schokolade.
1010, Freyung 2,
(Palais Ferstel Passage)
xocolat.at

# 7. GRÄTZELTOUR

Schlossgasse ~ Hofgasse ~ Margaretenplatz ~ Strobachgasse ~ Rüdigergasse ~ Stiegengasse ~ Amonstiege/Raimundhof

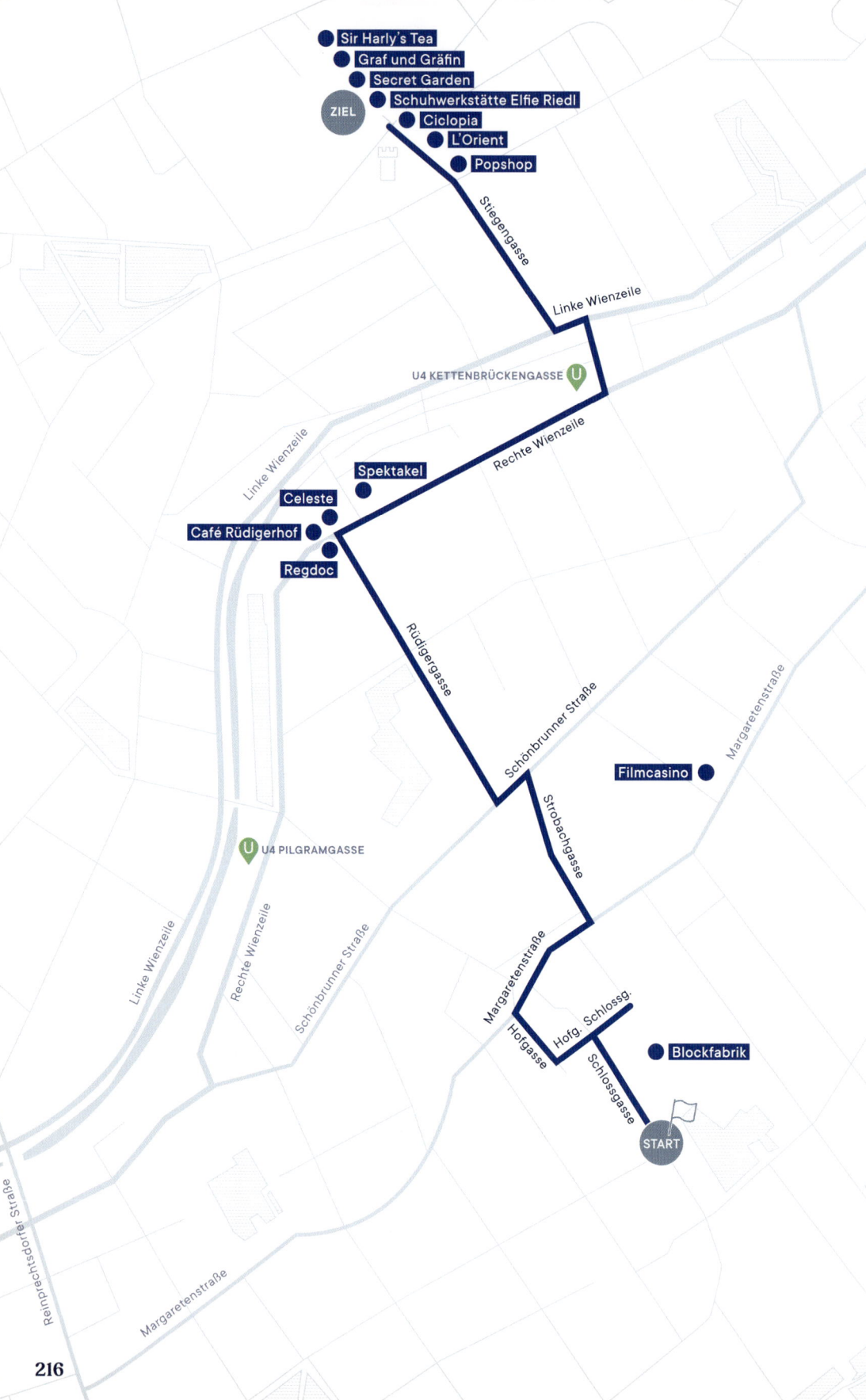

# 7. GRÄTZELTOUR

Schlossgasse ~ Hofgasse ~ Margaretenplatz ~
Strobachgasse ~ Rüdigergasse ~
Stiegengasse ~ Amonstiege/Raimundhof
Reine Gehzeit: 30 Minuten

Wir beginnen diese Grätzelwanderung in der Schlossgasse. Alte Gebäude, in denen frische, junge Unternehmen ihren Platz gefunden haben, säumen unseren Weg. Ein erstes spannendes Projekt begegnet uns im Hinterhof des Hauses Schlossgasse 10–12, in einer früheren Produktionshalle eines Verlags. Dort hat sich 2017 die Boulderhalle Blockfabrik niedergelassen. Boulder ist das englische Wort für Felsbrocken oder Geröll. Hier weist es auf einen Kletterparcours, den es ohne Seil und Klettergurt in künstlichen Kletterwänden in Absprunghöhe zu bewältigen gilt. In der schönen Jahreszeit kann man nach dem Auspowern oder auch anstatt der Anstrengung bei chilliger Musik im Hof abhängen.

Wenn wir schon hier sitzen und kurz Zeit haben, informieren wir uns zu Beginn unserer Wanderung noch über Geschichtliches rund um den 5. Bezirk, Margareten. Das berühmteste Schloss Wiens mag in Schönbrunn stehen, in Margareten aber gibt es die Schlossgasse.

Der Gebäudekomplex, in dem heute die Gaststätten des Schlossquadrats in einem Ambiente voll historischem Flair zum Essen und Trinken einladen, beherbergte schon seit dem 14. Jahrhundert einen Gutshof, der später als »Schloss Margareten« bezeichnet wurde.

In der angrenzenden Gartengasse wurde von Nicolaus Oláh, Erzbischof von Gran, im Jahr 1555 ein Schlossgarten angelegt, der später von der Stadt Wien gekauft wurde, die hier eine Maulbeerbaumschule einrichtete. Später wurden Teile des Schlosses abgerissen. Der Hof verlief fortan, wie auch heute noch, entlang Gartengasse, Schlossgasse und Margaretenplatz.

Mit seiner bemerkenswerten architektonischen Qualität besticht das Haus Schlossgasse 14. Es wurde in den 1910er-Jahren für die Möbelproduzenten »Bothe und Ehrmann« von Ernst Epstein erbaut. Die Fassade ist mit neoklassizistischem Reliefdekor geschmückt, die Tore sind original erhalten. Einfahrten, Liftgitter und die Vestibül-Verkleidung wurden 1983 rekonstruiert.

Gleich rechts an der Ecke, auf Nummer 15, stehen wir vor einem josephinischen Vorstadthaus aus 1786 mit für diese Zeit typischem Plattendekor. Der Josephinische Stil (ca. 1760–1780/90) zeichnet sich durch nüchterne Strenge und einer Reduktion der barocken Elemente auf plattenartige Erhöhungen oder Putzflächen aus.

Ein Stück weiter, auf Schlossgasse 20, steht ein sehr schönes, biedermeierliches Vorstadthaus aus 1827, errichtet vom österreichischen Architekten und Stadtbaumeister Peter Liborius Gerl (1795–1884).

## Margaretenplatz: Das Zentrum des »Fünften«

Wir drehen dort um, gehen direkt auf die kleine, ruhige Hofgasse zu, um diese an ihrem Ende zu verlassen, wo wir den Margaretenplatz erreichen. Dieser Platz ist das Zentrum des gleichnamigen Wiener 5. Bezirks. Auffälligstes Gebäude ist der späthistorische Zinshauskomplex »Margaretenhof«, der am Ende des 19. Jahrhunderts von den zwei Theaterarchitekten Ferdinand Fellner und Hermann Hellmer geplant wurde und tatsächlich die Qualität einer zauberhaften Theaterkulisse hat. Im Innenhof des Gebäudes, der die einzelnen Trakte miteinander verbindet, verläuft eine Allee, die dem Komplex einen ländlichen Anblick verleiht.

Der zauberhafte Margaretenhof und der ihm vorgelagerte Platz ähneln einer Bühne, bei der die von links und rechts kommenden Fußgänger die Statisten in einem unbekannten Stück spielen.

Auf dem Margaretenplatz selbst pulsiert wahrhaft städtisches Leben, viele Restaurants haben hier ihre Schanigärten aufgestellt, eine Eisdiele versorgt die Margaretner im Sommer mit der kühlen Süßigkeit. Jeden Donnerstag ist Markttag. Dann gibt es Feines aus der Region. Unübersehbar trohnt in der Mitte des Platzes der Margaretenbrunnen. Er stammt aus 1836 und sollte die Dankbarkeit der Margaretner für die von Kaiser Franz I. gestattete Benützung der Siebenbrunner Hofwasserleitung zum

Die heilige Margareta von Antiochia, Namensgeberin des früheren Dorfes, über den Drachen triumphierend. Bis 1843 war der Margareten-Brunnen die einzige öffentliche Wasserstelle in dieser Gegend.

Ausdruck bringen. Die Figur der heiligen Margareta von Antiochia aus Blei stammt von Johann Nepomuk Schaller. Wir schlendern vorbei an Altwarengeschäften, kleinen Boutiquen und Lokalen und gehen dann ein paar Schritte vom Margaretenplatz in Richtung Innenstadt, zum Haus Nummer 78 in der Margaretenstraße. Dort befindet sich das Filmcasino, ein Vorstadtkinopalast der Fünfzigerjahre. Dieses Lichtspieltheater zählt zu den wenigen, die in Wien »Arthouse-Filme«, also gehobenes Filmschaffen präsentieren und kann auf ein treues Stammpublikum zählen. Nach diesem kurzen Abstecher biegen wir, zurück am Margaretenplatz, gleich rechts in die Strobachgasse ab. Diese gehen wir weiter, bis wir auf die Schönbrunner Straße stoßen.

Auf den ersten Blick ist das Grätzel rund um Margaretenplatz und Rüdigergasse klassisches Wiener Wohngebiet. Doch an allen Ecken und Enden regt es sich: Vor allem die Kreativen haben das Viertel und seine Schönheiten für sich entdeckt.

Rechts, an der Ecke Strobachgasse/Schönbrunner Straße, auf Nummer 31, stößt man auf das Filmquartier. Wenn das Tor offensteht, kann man einen Blick auf das Backsteingebäude werfen. Hier wird nicht nur produziert und ausgestattet, sondern es werden auch Filme gedreht. 33 verschiedene Film-Locations auf über 3.000 Quadratmetern Fläche stehen zur Auswahl, auch der grüne Innenhof des Backsteingebäudes diente schon häufig als Kulisse für Werbespots oder Serien. Im hauseigenen Fundus können Filmschaffende in über 30.000 Requisiten stöbern. Über 30 Jahre wird im Filmquartier bereits gedreht, vor allem in den letzten Jahren sind viele Kreative und Werber in die Gegend gezogen. Da passt es gut, dass just in der Nähe das von uns kurz zuvor besuchte »Filmcasino« bereitsteht, um die künstlerisch wertvollen Filme aufzuführen. So gibt es also in Wien einen

Hauch von Hollywood und der Margaretenplatz ist, wenn eine kleine Übertreibung erlaubt ist, der »Walk of Fame«.

Wir gehen bis an das Ende der Strobachgasse, biegen alsdann links und gleich wieder rechts ab und landen in der Rüdigergasse.

Sie ist nach Ernst Rüdiger Graf Starhemberg benannt. Die Seite mit den ungeraden Nummern gilt als der am besten erhaltene Baubestand aus der frühen Gründerzeit (das war die Zeit zwischen der bürgerlichen Revolution von 1848 bis zum Börsenkrach des Jahres 1873). Der Namensgeber war in der Zeit der Zweiten Türkenbelagerung Wiener Stadtkommandant und holte sich seine Ehren durch die erfolgreiche Verteidigung. Starhemberg wurde später Feldmarschall der Kaiserlichen Armee und schließlich Präsident des Hofkriegsrats unter Kaiser Leopold I.

Es ist eine klassische Wohnstraße: wenig Verkehr, kaum Geschäfte. Lebhafter ist es nur am Anfang. Hier befindet sich seit mehr als vier Jahrzehnten ein Kultlokal der Wiener Szene: das Motto. Angeblich werden hier die besten Schinkenfleckerl der ganzen Stadt kredenzt. Einen Flecken Grün gibt es auch: Schulkinder turnen am Klettergerüst des Willi-Frank-Parks, zwei Frauen mit Kinderwagen sitzen auf einer der Bänke und tratschen. Der Willi-Frank-Park ist ein typischer »Baulücken-Beserlpark«. Er wurde nach dem Widerstandskämpfer gegen den Nationalsozialismus, Willi Frank, benannt. Wir füllen hier unsere Flaschen beim Trinkbrunnen auf und schlendern weiter.

Auch ein kleines Fleckerl Grün erfreut das Herz der Grätzelbewohner. Ein wenig sitzen, plaudern und den Kindern zuschauen.

Man möchte es nicht glauben, aber dieser fesche Wagen steht eindeutig am Anfang und es ist fast kein Ende abzusehen.

Und wieder stoßen wir auf einen Hotspot der österreichischen Filmszene. Wie gesagt – Margareten ist eben »Little Hollywood«. Nur ein paar Schritte vom Park entfernt, rechter Hand auf Rüdigergasse 10, hat sich die Filmproduktionsfirma »Mediengesellschaft« eingemietet. Drei Häuser weiter, in der Rüdigergasse 16, heißt es dann »Film ab!«. Hier stapeln sich im Vorraum Stative, weiter hinten Filmkameras und dazwischen rollenweise Kabel und übereinander getürmte Scheinwerfer: Digirental verleiht alles, was man für einen Filmdreh so braucht. Vom Equipment-Koffer bis zum Richtmikrofon kann man hier alles bekommen. Neben Film- und Werbeproduktionen nutzen das Service auch Studierende für ihre Arbeiten. Der deutsche Sänger Frans Zimmer, der unter dem Künstlernamen »Alle Farben« auftritt, hat einen Song namens »Little Hollywood« geschrieben, als ob er das Grätzel Margareten kennen und meinen würde: »*Living in our own little Hollywood, we're washed up stars. Everything's got me good. We got everything we need in our neighborhood.*«

»*Living in our own little Hollywood, we're washed up stars. Everything's got me good. We got everything we need in our neighborhood.*«

Es tut sich viel in Wien-Margareten. Jahrelang befand sich die Gegend im Dornröschenschlaf, seit einigen Jahren ist das anders. Am Ende der Rüdigergasse, auf Nummer 27, an der Ecke zur Hamburgerstraße befindet sich Regdoc, der Tauchladen von Denis O' Flynn. »Die Gegend ist perfekt«, sagt er. »Ich mache nie Werbung, weil ohnehin jeder bei mir vorbeifährt oder -geht.« Mit dem Atlantik vor der Haustüre in Irland geboren, hat Denis O' Flynn, seit er 17 war, immer dem Tauchsport gehuldigt. Seine Leidenschaft führte den gelernten Schiffsmechaniker nach Israel und Ägypten, die Liebe schließlich nach Wien.

Die Hamburgerstraße liegt nun vor uns. Gleich gegenüber versteckt sich das Lokal Celeste hinter einer unauffälligen Aluminiumtüre. Beschilderung gibt es keine, dafür jede Menge Jazz, Improvisation und Freestyle: Hier spielt beinahe jeden Abend ein anderer Geheimtipp. Auch für private Veranstaltungen kann man sowohl den Kellerraum als auch den größeren Raum mit kleiner Bühne mieten. Der in Richtung Wienfluss angelegte Garten ermöglicht vor allem im Sommer einen perfekten Abendausklang.

## Jugendstil pur

Wir biegen links in die Hamburgerstraße ab, um eine kurze Pause im Café Rüdigerhof zu machen. Der Hof ist bereits von Weitem kaum zu übersehen: Seine goldenen Balkongitter blitzen in der Sonne, die blauen Schnörkel der wunderschönen Fassade und des Dachs ziehen den Blick auf sich. Nicht nur am Naschmarkt, auch am Ende der Rüdigergasse hat der Jugendstil seine Spuren hinterlassen. Vor allem die Fassade des schmalen Wohnhauses, mit ihren unterschiedlichen Putzstrukturen und

Der Rüdigerhof zählt zu den schönsten Jugendstilhäusern Wiens. Da passt es gut, dass er ein mehr als hundert Jahre altes Kaffeehaus beherbergt.

Dekoren – etwa in Wellenform –, ist Blickfang. 1902 wurde das Jugendstil-Gebäude nach den Plänen des österreichischen Architekten und Zionisten Oskar Marmorek (1863–1909) errichtet. Heute steht es unter Denkmalschutz.

Dem Jugendstil angepasste, goldene Buchstaben laden ins »Café Rüdigerhof« ein, das beinahe so alt ist wie das Gebäude selbst: 1903 eröffnet, zählt das Wiener Kaffeehaus bereits weit mehr als 110 Jahre und manches scheint sich seither auch nicht geändert zu haben. Hier wird Zeitung gelesen, getratscht und Backgammon gespielt. Das Lokal zählt viele Stammkunden, insbesondere Künstler und Denker treffen sich hier gerne, um den Blick auf den Wienfluss zu genießen und in der inspirierenden Atmosphäre zu denken, zu plaudern und zu diskutieren. Die Einrichtung stammt aus den 1950er- und 60er-Jahren – viel wurde seither nicht verändert. Manche Gäste kommen vor allem wegen des Gartens, der »*selbst im heißesten Sommer erträglich ist*«, wie einer der Stammkunden erzählt. Die Tische sind auf drei treppenförmig angelegten Ebenen aufgebaut, alte Ahornbäume spenden Schatten. Lichterketten mit bunten Glühbirnen sind durch den Garten gespannt, denn die Schanigarten-Sperrstunde gilt hier nicht. Manchmal hat es eben Vorteile, keine direkten Nachbarn zu haben.

Wir gehen die Hamburgerstraße entlang Richtung Osten und kommen am **Spektakel** – Theater, Schauraum und Café – auf Nummer 14 vorbei. Im Schauraum stellen immer wieder interessante Künstler ihre Werke aus, und im Theater ist Platz für Aufführungen, Performances, Lesungen, Proben und Vorträge. Die Hamburgerstraße wird in ihrer Verlängerung zur Rechten Wienzeile. Auf der Höhe Kettenbrückengasse biegen wir links ab. Hier befindet sich rechter Hand, auf einem Areal von rund 2,3

Hektar, der Wiener Naschmarkt. Er erstreckt sich von der »Secession« am Rande des Karlsplatzes bis eben hier, zur U-Bahn-Station »Kettenbrückengasse« und liegt zwischen Rechter und Linker Wienzeile. Auf der Seite der U-Bahn-Station findet jeden Samstag der Wiener Flohmarkt statt, ein Fixpunkt für Wiener und Gäste. Der Markt mit Kunstgegenständen, Hausrat, Literatur und Antiquitäten erstreckt sich über ein Areal von rund 7.000 Quadratmetern. Private und gewerbliche Anbieter verkaufen hier jeden Samstag ihre Waren.

Weiter geht es, am »Naschmarkt« vorbei zur Linken Wienzeile, um dann links und gleich wieder rechts in die Stiegengasse einzubiegen.

Bei diesem Aufstieg wäre sogar dem Namensgeber der Stiege die Luft fürs Singen zu knapp geworden.

## Aufstieg ohne Pickel und Steigeisen

Spätestens hier weiß man es. Wien ist im wahrsten Sinne des Wortes eine steile Stadt. Auch wenn sie sich nicht, wie Rom, ihrer Hügel rühmt, so gibt es selbst in den inneren Bezirken Anhöhen, die überwunden werden wollen. Etwas Kondition braucht, wer mit uns die Stiegengasse vom Naschmarkt bis zur Mariahilfer Straße hinaufgehen will. Glücklicherweise gibt es auf diesem Weg viele Läden, die zum Hineinschauen einladen und uns Ruhepausen ermöglichen. Lassen Sie uns das abwechslungsreiche, ein wenig verborgen liegende, kleine Grätzel entdecken, das seinen ganz eigenen Charme und äußerst nette Bewohner hat.

Das erste, steilere Teilstück hinauf zur Gumpendorfer Straße scheint noch ein wenig im Dornröschenschlaf zu verharren und wartet scheinbar darauf, wachgeküsst zu werden. Aber je weiter oben, und das gilt für den gesamten Anstieg, umso interessanter und lebhafter wird der Durchgang. Der sich uns anfangs bietende Anblick von schäbig anmutenden Fassaden ändert sich nach dem Queren der Gumpendorfer Straße. Nach dem »Kolpinghaus«, dem Sitz eines katholischen Sozialvereins, beginnen einladend renovierte Portale und liebevoll arrangierte Auslagen verschiedenster Läden.

Skandinavisches Design hat den Anspruch, ästhetisch und erschwinglich zu sein. Im Popshop beweist sich das aufs Beste.

Von hier aus erblickt man am Ende, also im Norden, die 1862 errichtete Amonstiege, den ersten Teil des Stiegenaufgangs. Mit ihrer Hilfe überwindet man einen Höhenunterschied von 13 Metern zur Windmühlgasse und zum Eingang des Raimundhofs, wo dann bald die nächsten Stufen auf uns warten werden. Namensgeber der Stiege war Anton Amon senior (1833–1896), ein Volkssänger seiner Zeit. Menschen, die sich beim Gehen schwertun oder im Rollstuhl sitzen, können statt der knapp 50 Stufen einen Aufzug benutzen.

Noch bevor wir zu den Stiegen kommen, kurz nach der Gumpendorfer Straße und gleich nach den Schaukästen der »Schuhwerkstätte Elfie Riedl«, deren weiter oben befindliches Geschäft wir später noch sehen werden, locken uns auf der rechten Seite hübsch dekorierte Fenster und Einblicke in das Innere eines Geschäftslokals. Dort, auf Nummer 16, befindet sich im Souterrain, knapp unterhalb des Straßenniveaus, der Popshop der gebürtigen Schwedin Patrice Fuchs. Wer skandinavische Einrichtungsgegenstände wie Geschirr, Lampen und Accessoires in zeitlosem Design liebt, sollte einen Blick ins Geschäftsinnere werfen.

Ein paar Schritte weiter, auf der rechten Seite, taucht man im L'Orient in die Sinnlichkeit Marokkos ein. Hier finden sich Wohnaccessoires wie aus »Tausendundeiner Nacht«, die man – auch wenn man sie nicht zwingend braucht – doch unbedingt haben möchte. Es lassen sich schöne Teile, angefangen von Fliesen und marokkanischen Waschbecken bis hin zur Schönheits- und Entspannungspflege aus dem Maghreb erstehen. Und wer weiß, vielleicht findet sich ja bei sorgfältigem Stöbern auch die eine oder andere passende Wunderlampe.

*»Das hier ist eine angenehme Gegend zum Sein.«*

Weiter geht es. Doch bevor wir den letzten steilen Anstieg in Angriff nehmen, gehen wir noch rechts an der Stiege vorbei und kommen zu einem ganz besonderen Laden. *»Ja, mir san mit'm Radl da«*, heißt es bei Michael Ferdiny und seinem Team auf Stiegengasse 20. Ciclopia, das ultimative Fahrradfachgeschäft, gibt es seit mittlerweile 26 Jahren. Es befindet sich in einem wunderschönen Gewölbe mit einer Verkaufsfläche von rund 250 Quadratmetern und einer angeschlossenen Werkstatt. Falls der eine oder andere mit dem Fahrrad wieder zu unserem Ausgangspunkt in der Schlossgasse zurückkehren möchte, ist er hier gut aufgehoben. »Ciclopia« führt alle angesagten und exklusiven Fahrrad-Marken. Reparaturen werden inhouse gemacht, was die vielen Stammkunden besonders schätzen. Und wer schon immer wissen wollte, wie er den Patschen bei der nächsten Radtour selbst flicken oder die Scheibenbremsen lüften kann, der sollte einen der angebotenen Workshops besuchen. Auch wir finden, wie Michael es ausdrückt, *»das hier ist eine angenehme Gegend zum Sein«*.

Michael Ferdiny betreibt seinen Fahrradladen just am Fuße einer Stiege, in einem wunderschönen Gewölbe.

Wer würde denn nicht gerne »freiwillig durchgehen«, wenn er so herzlich »Willkommen« geheißen wird. Und ja – es lohnt!

Nun aber nichts wie hinauf in die Windmühlgasse. »Freiwilliger Durchgang« steht vor uns auf einem großen Schild in alten Lettern über dem Eingangsportal zum Raimundhof.

Der Hof ist nach Ferdinand Raimund, einem Dramatiker und Schauspieler, der in einem der Gebäude 1790 zur Welt kam, benannt. Er gilt gemeinsam mit Johann Nestroy, dem wir in diesem Grätzel-Bericht in der Scholzgasse im 2. Bezirk begegnen, als Hauptvertreter des »Alt-Wiener Volkstheaters«, das Kabarettisten und Schauspieler seit mehr als 150 Jahren bis heute beeinflusst.

*»Ich bin zum Tragiker geboren, mir fehlt dazu nix als die G'stalt und 's Organ.«*

FERDINAND RAIMUND

Raimund verkörperte im wahrsten Sinne des Wortes die ganze Palette der wienerischen Tragikomik und sagte einmal über sich selbst: »Ich bin zum Tragiker geboren, mir fehlt dazu nix als die G'stalt und 's Organ.«

Die Passage besteht genau genommen aus mehreren kleinen Höfen, die sich bis zum Ausgang auf der Mariahilfer Straße auf unterschiedlichen Niveaus ansteigend aneinanderreihen.

Gleich in einem der ersten Höfe befindet sich die Schuhwerkstätte von Elfie Riedl. Ihr Arbeitsbereich im hinteren Teil des Geschäfts, in dem sie wahre Wunderwerke schafft, ist klitzeklein. So klein, dass sich Besucher, wenn es mehr als drei sind, regelrecht einfädeln und letztendlich neben den vielen Schuhkartons und Lederballen »einschlichten« müssen. Riedl steht bei der Werkbank und erklärt uns, wie ein Schuh nach Maß entsteht. Zuallererst wird der Fuß des Kunden vermessen, dann wird der Leisten in einer dreidimensionalen Form aus Holz in Handarbeit modelliert und schließlich ein Probeschuh angefertigt. Anhand des Probeschuhs sieht Elfie Riedl dann, wie der Rist passt, ob und wie weit er offensteht

Nein, dieser Schuh wird nicht drücken. Dafür sorgt die Schuhmacherin.

und ob die Ferse richtig sitzt. »*Der Kunde spürt dann auch sofort, wo der Schuh drückt*«, so Elfie Riedl, die dafür sorgt, dass dieser »Leidensdruck« behoben wird. Wurde das Leder ausgesucht, werden der Vorfuß, die Zunge und die Quater – das sind vier Teile mit Ösen – zugeschnitten und am Leisten angepasst. Die einzelnen Teile werden dann mit der Zange über-

Mitten in Wien ist Sir Harley, ein englischer Teehändler verewigt, der vermutlich selbst, anders als sein Tee, die Stadt nie kennengelernt hat.

zwickt beziehungsweise geheftet und letztlich zusammengenäht. Wenn alle Teile beieinander sind, kommen sie über den Leisten. Ein »Zuschlag« von gut eineinhalb Zentimeter macht es möglich, die Teile auf der Brandsohle anzunähen. Diese Arbeit heißt in der Schuhmachersprache »einstechen«. Dann kommt die Sohle drauf und wird angenagelt. In Echtzeit dauert das natürlich viel länger als in unserer Erzählung, denn es gilt, genau Maß zu nehmen und mehrmals anzupassen, um sicherzustellen, dass auch so beschwerliche Spaziergänge wie der unsere durch den »Raimundhof« ohne Probleme oder gar Blasen ablaufen.

Wer jetzt indischen Chai trinken oder etwas Wärmendes wie Dal mit Basmatireis zu sich nehmen möchte, ist im Secret Garden am richtigen Platz. Montag bis Samstag, von 11.00 bis 18.00 Uhr kann man sich hier vegetarisch und vegan verwöhnen lassen.

Ein paar Schritte weiter im Durchgang treffen wir auf den Graf und die Gräfin vom Raimundhof. Zwei Geschäfte für Liebhaber von Schmuck, Taschen und Accessoires.

230

Am Ende des Durchgangs kommt auf der rechten Seite Sir Harly's Tea, ein kleines, überaus feines Teegeschäft mit einigen wenigen Plätzen für den sofortigen Genuss und mit einer großen Auswahl an erlesenen Teesorten. Die Familiengeschichte von Viola Kim, der sympathischen Inhaberin, erklärt den Namen des Teegeschäfts. Ihr Großvater, so erzählt sie, fuhr öfter nach England und lernte eines Tages Sir Harly, einen Teehändler kennen. So brachte er immer wieder schwarzen Tee von diesen Reisen mit nach Hause, was dazu führte, dass Viola schon als Kind die Liebe zu Tee entdeckte. Noch heute denkt man mit Zuneigung an Sir Harly, wenn die ganze Familie zum High Tea zusammenkommt. Kim eröffnete im Jahr 2013 das Teegeschäft im »Raimundhof« und es war für sie von Anfang an klar, dass es »Sir Harly's Tea« heißen und ganz der englischen Kultur des Teetrinkens verschrieben sein musste. Selbst ihre Kleidung, und auch die ihres Mannes, entspricht dem englischen Stil und man fühlt sich bei ihnen ins Empire vergangener Zeiten versetzt.

Wer lieber einen Kaffee zu sich nehmen will, der sollte im Café im Raimundhof Platz nehmen und die Seele baumeln lassen.

Und dann treffen wir im »Raimundhof« noch auf einen alten lieben Bekannten – das Superfood Deli. Wie in der letzten Grätzelwanderung, die uns in die Lerchenfelder Straße geführt hat, treffen wir auch hier auf diese Oase für

231

Smoothie- und Bowls-Liebhaber. Ob gesundes Mittagessen oder Snack zwischendurch, bei der großen Auswahl werden Frau und Mann bestimmt fündig.

Ein paar Schritte noch und wir befinden uns im letzten, dem größten Hof, mit einigen Schmuckgeschäften. Wir verlassen den schmucken »Raimundhof« durch das letzte Tor und stehen auf der belebten Mariahilfer Straße – und damit am Ende unseres steilen Aufstiegs und unserer Wanderung.

# Unsere Lieblings-Spots im Grätzel:

### Blockfabrik
Die riesige Boulderhalle bietet Anhängern des Kletterns großzügigen Platz und maximale Sicherheit bei der Ausübung ihres Sports.
1050, Schlossgasse 10–12
blockfabrik.at

### Filmcasino
Das Kultkino von Wien, das für Cineasten und Liebhaber von Arthouse-Filmen immer wieder neue oder auch unbekannte alte Filme ins Programm nimmt. Diskussionen und Veranstaltungen ergänzen das ambitionierte Programm.
1050, Margaretenstraße 78
filmcasino.at

### Regdoc
Denis O'Flynn, ein waschechter Ire, versorgt die Wiener Taucherwelt mit Geräten und besten Tipps. Seine Sorge gilt der Sicherheit der Kunden. Die Wartung der Tauchausrüstung, so sein Credo, gehört in die Hände von Profis.
1050, Rüdigergasse 27
regdoc.at

### Celeste
Musik-Sessions, Karaoke-Abende und Clubbetrieb. Ein vielfältiges Programm zum Immer-wieder-Kommen.
1050, Hamburgerstraße 18
celeste.co.at

### Café Rüdigerhof
Das Kaffeehaus im denkmalgeschützten Jugendstil-Haus hat alles, was echte Wiener brauchen. Frühstück bis 15.00 Uhr, viele Zeitungen, Schachbretter und einen Gastgarten für 300 Personen.
1050, Hamburgerstraße 20
ruedigerhof.stadtausstellung.at

### Spektakel
Café, Theater und Kunstraum.
1050, Hamburgerstraße 14
spektakel.wien

### Popshop
Außergewöhnliches Design aus dem hohen Norden, das zur Neugestaltung der Wohnung einlädt. Von Möbel und Teppichen über Beleuchtungskörper und Küchenutensilien bis zu Deko-Material ist alles vorhanden.
1060, Stiegengasse 16
popshop.name

### L'Orient
Marokkanisches Lebensgefühl für die Wohnung. Lampen, Teppiche (keine fliegenden), Porzellan und anderes stammen teilweise aus eigenen Produktionsstätten in Fes oder werden aus Marrakesch besorgt.
1060, Stiegengasse 20
lorient.at

### Ciclopia
Hier beginnt die Karriere des Radlers mit individueller Beratung und dem passenden Rad. Hierher kommt er immer wieder zurück, für Service, Tipps oder ein neues Bike.
1060, Stiegengasse 20
ciclopia.at

### Schuhwerkstätte Elfie Riedl
Elfi Riedl ist seit Jahrzehnten bei den Leisten geblieben. Sie fertigt in Handarbeit Maßschuhe bester Qualität. Neuerdings bietet sie auch handgefertigte Accessoires passend zu den Schuhen an.
1060, Windmühlgasse 20/55a
(Raimundhof)
elfie-riedl.at

### Secret Garden
Eine vegetarische Wohlfühloase im beschaulichen Raimundhof. Vegan, zwiebelfrei, glutenfrei – hier findet jeder das für ihn Passende.
1060, Mariahilferstraße 45
(Raimundhof)
secret-garden-cafe.at

### Graf und Gräfin
Das Designgeschäft, in dem der Graf der Gräfin, die Gräfin dem Grafen und alle anderen auch lederne Gürtel, Geldbörsen, Laptop-Taschen, Holzuhren oder edle Rucksäcke kaufen.
1060, Mariahilferstraße 45
(Raimundhof)
grafundgraefin.at

### Sir Harly's Tea
Hier kommt die Teekultur in ihrer elegantesten Form nach Wien. Wer aus der reichen Auswahl an Tees den richtigen gefunden hat, eilt nach Hause und trinkt ihn zu Scones mit Erdbeermarmelade und Clotted Cream nach dem Rezept auf Sir Harly's Website.
1060, Mariahilferstraße 45
(Raimundhof)
harly-tea.at

# DER ZENTRALFRIEDHOF

Ort zum Verweilen

# DER ZENTRALFRIEDHOF

## Ruhiger Platz, der viel zu erzählen hat

In Simmering gibt es so einen ruhigen Platz – den Zentralfriedhof. Wer bei Besuchen in fremden Städten gerne Friedhöfe besichtigt, weil sie die Kultur und Geschichte eines Ortes widerspiegeln oder schlicht, um dem Getöse der Stadt für eine Weile zu entkommen, sollte gutes Schuhwerk wählen, wenn er den Wiener Zentralfriedhof besichtigt. Ein Rundgang ist unbedingt zu empfehlen. Auch Einheimische können in diesem Areal, mit seiner Fläche von an die 2,5 Quadratkilometer und rund 330.000 Grabstellen, bei jedem Besuch Neues entdecken. Zur Größe des Friedhofs gibt es auch einen von Wienern mit Genuss erzählten Witz: »*Was ist der Unterschied zwischen der Stadt Zürich und dem Wiener Zentralfriedhof? Zürich ist doppelt so groß, aber der Zentralfriedhof ist doppelt so lustig.*« Unsere Besucher vom Zürichsee und Umgebung mögen uns diesen Ausspruch verzeihen, aber für einen guten »Schmäh« riskieren Wiener sogar die beste Freundschaft.

»*Was ist der Unterschied zwischen der Stadt Zürich und dem Wiener Zentralfriedhof? Zürich ist doppelt so groß, aber der Zentralfriedhof ist doppelt so lustig.*«

In der zweiten Hälfte des 19. Jahrhunderts wuchs die Einwohnerzahl Wiens von rund einer halben Million Menschen im Jahr 1850 auf nahezu das Doppelte in den späten 1860er-Jahren.

Die Stadtverwaltung reagierte bereits 1863 auf die zu erwartende Bevölkerungsexplosion und beschloss die Errichtung eines großflächigen Friedhofs weit außerhalb der Stadt. Weil der Zerfall von Österreich-Ungarn damals nicht vorausgesehen werden konnte, ging man von einer Einwohnerzahl von vier Millionen Menschen bis zum Ende des 20. Jahrhunderts aus. Geworden sind es, wie wir heute wissen, nur halb so viele.

Ende 1874 wurde der Zentralfriedhof schließlich eröffnet, nachdem es in den Monaten davor heftige Auseinandersetzungen wegen religiöser Fragen gegeben hatte. Die große Ruhestätte war als konfessionslose Anlage eingerichtet worden, doch musste die Gemeindeverwaltung nach heftigen Protesten zumindest eine katholische Einweihung gestatten. Für damalige Zeiten revolutionär war die Einrichtung eines jüdischen Friedhofs auf demselben Gelände.

Der Josefstädter Bürger Jakob Zelzer hätte wohl zu Lebzeiten nie gedacht, dass sein Name in der Geschichte der Wiener Stadt noch über Jahrhunderte bekannt sein würde. Er war just im Oktober 1874 gestorben und wurde als erster »Bewohner« des Zentralfriedhofs in einem heute noch bestehenden Einzelgrab bestattet.

Der große Friedhof war bei seiner Errichtung weit vom Kern der Stadt und seinen Wohnhäusern entfernt. Die Besucher mussten mangels direkter Bahnverbindung einen beschwerlichen Weg auf sich nehmen und auch der Transport der Leichen in Pferdewagen war vor allem im Winter schwierig. Um die Attraktivität des Zentralfriedhofs zu steigern, wurde eine Reihe Prominenter aus ihren bisherigen Gräbern hierher verlegt, so etwa Ludwig van Beethoven oder Franz Schubert.

Erst ab 1918 wurde die »Elektrische«, die elektrifizierte Straßenbahn, über Simmering bis zum Friedhof in Betrieb genommen, einige Jahre später kamen dann motorisierte Leichenwagen zum

Einsatz. Noch heute führt die Straßenbahnlinie 71 vom Ring bis zum Friedhof. Die Wiener sagen daher auch mitunter über einen, der verstorben ist: »Er ist mit dem 71er gefahren«.

Mit dem Aufkommen der Arbeiterbewegung Ende des 19. Jahrhunderts entwickelte sich die Forderung nach Feuerbestattungen, was von der katholischen Kirche jedoch vehement abgelehnt wurde. Nach langem Hin und Her wurde 1922 schließlich die Feuerhalle Simmering eröffnet. Sie befindet sich nicht direkt am Gelände des Friedhofs, sondern auf der gegenüberliegenden Seite der Simmeringer Hauptstraße, schräg gegenüber dem Hauptportal, dem 2. Tor. Der Vatikan erlaubte die Feuerbestattung erst ab 1964, was von der Erzdiözese Wien dann 1966 übernommen wurde.

In der Pogromnacht des 9. November 1938 wurde die Zeremonienhalle des alten jüdischen Friedhofs im Nazi-Furor gesprengt und auch die des neuen Teils verwüstet. Grabstätten wurden beschädigt und zerstört. Heute liegen die Toten vieler Religionen, man könnte sagen »friedlich« auf dem Zentralfriedhof. Katholiken, Protestanten, Moslems, Juden, Christlich-Orthodoxe, Mormonen und Buddhisten haben hier ihre Begräbnisstätten.

Im Jahr 1999 wurde am Zentralfriedhof ein »Park der Ruhe und Kraft« eröffnet, der einlädt, sich körperlich und geistig zu entspannen und zu besinnen. Auch viele Tiere erfreuen sich an der Ruhe und Weitläufigkeit des Zentralfriedhofs. Neben Kleintieren wie Hamster, Dachse, Frösche und Eichhörnchen gibt es auch äußerst zutrauliche Rehe, die sich nur ungern davonmachen, wenn Menschen partout zu dem Grab wollen, auf dem sie gerade ruhen.

Die Liste der am Zentralfriedhof begrabenen Prominenten ist lang. Sollte ein Tag der Wiederauferstehung kommen, könnten Beethoven, Brahms, Gluck und Salieri miteinander musizieren oder gemeinsam ein Lied für Falco komponieren, Johann Nestroy mit Ernst Jandl Wortwitze austauschen und Arnold Schönberg mit der Strauß-Familie über seine Auffassung von Musik diskutieren, um nur einige zu nennen. Die Stadt Wien hat ein kleines Büchlein über die Ehrengräber auf dem Friedhof herausgegeben, das auf über 220 Seiten die hier ruhende Prominenz auflistet. *(Wiener Zentralfriedhof – Ehrengräber auf dem Städtischen Friedhof.* Norbert Jakob Schmid Verlagsgesellschaft m.b.H).

*»Der Tod, das muss ein Wiener sein.«*

Den Wienern wird immer schon ein Hang zum Morbiden und zum Tod nachgesagt. Eine Reihe von Wiener Liedern spielen mit der Melancholie, die beim Heurigen, in Verbindung mit einem Glaserl Wein, die Einheimischen so richtig ergreifen kann. Topsy Küppers und Georg Kreisler schufen das Lied »Der Tod, das muss ein Wiener sein« und Roland Neuwirth, ein Erneuerer des Wiener Lieds, handelte in seiner Komposition »Ein echtes Wienerlied« die Vielfalt der Ausdrücke ab, die in dieser Stadt für das Sterben verwendet werden. Der Gast aus dem Ausland wird dazu vermutlich ein Wörterbuch des Wienerischen brauchen:

Der Tod hat nicht nur viele Gesichter, sondern auch viele Accessoires. Denn den Wienern ist »a scheene Leich« immer schon wichtig gewesen.

»*Er hat an Abgang gmacht, er hat die Patschn gstreckt,*
*er hat a Bankl grissn, er hat se niedaglegt,*
*er hat se d' Erdäpfel von unt angschaut,*
*er hat se sozusagn ins Holzpyjama ghaut.*
*Er hat die Bock aufgstellt, er hat an Wuaf angsagt,*
*er hat se d' Schleifn gebn, er hat die Stufn packt,*
*er is umegstandn, er hats umebogn,*
*er is als arme Sööö zum Petrus aufe gflogn.*
*Er hat se abelassn, wia des so schee haßt,*
*er ist nachschaun gangen, ob der Deckl paßt,*
*zerst hams eam außetragn mit de Fiaß voran,*
*jetzt lacht er si statt d' Madln drunt die Wirma an.*
*Oba Leitln nehmts es net so schwer, glaubts ma,*
*gwachsn war er nimmermehr.*
*Weu ans is kloar, des is ka Schmäh: s'woa besser so!*
*Hearts glaubts mas eh.*
*Denn jetzt tuat eam, bei meiner Sööö, ka Bah mehr weh.*«

https://www.songtexte.com/songtext/roland-neuwirth/ein-echtes-wienerlied-63f41e73.html

## Das Wiener Bestattungsmuseum

Unser erstes Ziel ist das Bestattungsmuseum. Wir betreten den Friedhof beim Haupttor, wenden uns nach rechts und sehen das neu gestaltete Museum nach wenigen Schritten. Es veranschaulicht auf moderne Art die Wiener Bestattungs- und Friedhofskultur vom Ende des 18. Jahrhunderts bis in die Gegenwart. Vom Filmdokument, der historischen Trauerkutsche über Kleidung und Erinnerungskult bis hin zu Sparsarg, Herzstichmesser und Rettungswecker, um nur einige Exponate zu nennen, ist allerlei Staunenswertes zu sehen.

Das 1967 gegründete Museum, übrigens das älteste Bestattungsmuseum der Welt, war bis 2013 in der ehemaligen Zentrale der Bestattung in der Goldeggasse im 4. Wiener Gemeindebezirk untergebracht. 2014 wurde im Souterrain der Aufbahrungshalle 2 das neue Bestattungsmuseum nach Plänen von Gustav Pichelmann errichtet.

Wir treffen uns mit Helga Bock, Mitarbeiterin des Museums, vor Ort. Gleich nach dem Foyer folgen wir einem Steg, der uns oberhalb des eigentlichen Bodenniveaus durch die Ausstellung führt. Die Ausstellung zeichnet den Weg eines Trauerfalls nach: *Gestorben – Betrauert – Geführt – Bestattet – Erinnert.* Der Raum liegt im Dunkeln, lediglich die Vitrinen und Exponate in weißes Licht und der Steg in gelblich-warmes Licht getaucht leiten uns. Während wir durch die Ausstellung schlendern, erzählt sie uns viele Geschichten rund um den Tod. So zum Beispiel, dass es bei serbisch-orthodoxen Familien üblich ist, das Grab schon vorab samt Grabstein zu erwerben. Meist werden auch schon die Namen derer, die in Zukunft hier liegen sollen, eingraviert. So ist es nicht verwunderlich, dass wir beim kurzen Streifzug durch die Gräberreihen ein Grab mit eingravierten Namen eines Ehepaars plus Geburtsdaten und freien Platz für das jeweilige Sterbedatum sehen. Ein Steinmetz erzählte unserer Führerin sogar, dass eine Dame den Wunsch geäußert habe, auf ihrem Stein nicht nur das Geburtsdatum, sondern gleich auch das Sterbedatum einzugravieren. Er wollte es ihr ausreden, da er nach genauer Rechnung feststellte, dass sie dann ja 120 Jahre alt werden würde. Doch sie bestand darauf. Ein wenig erinnert dieser Wunsch an eine andere Gruppe. Unter Juden wünscht man sich zum Geburtstag »bis 120«. Das beruht auf der Annahme, dass Moses 120 Jahre alt wurde.

Besucher des Zentralfriedhofs sind neben Hinterbliebenen Touristen, von denen viele auch in das Museum kommen. Sie interessieren sich für Wien, die Geschichte oder Personen, die hier begraben liegen. Dann gibt es die Gruppe derer, die gezielt nach einer Person am Friedhof suchen. Falco ist da nach wie vor ein großer Anziehungspunkt. Auch Udo Jürgens' Grab wird gerne besucht.

## Die Ehrengräber des Zentralfriedhofs

Die beiden immer noch verehrten Stars liegen in Ehrengräbern. Der jeweilige Wiener Bürgermeister entscheidet darüber, wer solch ein Grab erhält. Die Stadt Wien beauftragt dann die »Friedhöfe Wien«, ein solches Ehrengrab zu errichten. Ehrengräber gibt es in Wien ausschließlich am Zentralfriedhof. Sie werden kostenlos zur Verfügung gestellt und von der Friedhofsverwaltung gepflegt. Nur die Ehrengräber auf dem jüdischen Friedhof werden von der Kultusgemeinde verwaltet. Auf dem Zentralfriedhof gibt es rund 1.000 Ehrengräber. Wobei man noch zwischen den bereits genannten Ehrengräbern und ehrenhalber gewidmeten Gräbern unterscheiden muss. Ehrenhalber gewidmete Gräber können auch Familiengräber sein und sowohl auf dem Zentralfriedhof als auch auf anderen Friedhöfen liegen. Dann gibt es noch historische Gräber. Es handelt sich dabei um Gräber, bei denen nicht der Ehrungscharakter im Vordergrund steht, sondern der historische, kunst- oder kulturhistorische Faktor eine Rolle spielt. Dazu zählen unter anderem solche Gräber, die ursprünglich ehrenhalber vergeben, dann jedoch umgewidmet wurden, weil die Toten, etwa während des Nationalsozialismus, für Unrechtstaten verantwortlich waren.

Das Ehrengrab von Johannes Brahms. Seine letzten Worte richtete er an eine Krankenschwester, die ihm Wein zu trinken gab: »Oh, das schmeckt gut. Danke!«

Der Friedhof ist ein friedlicher Platz, hier sind alle Tiere vor den Jägern sicher. Als Dank zeigen sie sich aus nächster Nähe und entzücken uns damit.

Andererseits kann ein Toter auch im Nachhinein mit dem symbolischen Akt der Verleihung des Ehrengrabs gewürdigt werden. Das kam zum Beispiel bei exhumierten und neu am Zentralfriedhof bestatteten Prominenten wie Schubert oder Beethoven vor. Diese Verlegungen sollten den anfangs von den Wienern abgelehnten Zentralfriedhof attraktiver machen. Die beiden großen Komponisten wurden beispielsweise vom Währinger Ortsfriedhof hierher verlegt. Insgesamt gab es fünf Vorortefriedhöfe – einer, der Sankt Marxer Friedhof, besteht bis heute. Die anderen vier Friedhöfe wurden zu Parks umgewidmet. Manchmal ließ man die Grabsteine wie im Währinger Park in einem abgegrenzten Bereich stehen. Haydn fand ursprünglich seine letzte Ruhestätte am Hundsturmer Friedhof beim Gaudenzdorfer Gürtel, der mittlerweile auch einem Park gewichen ist. Nur der ursprüngliche Grabstein erinnert noch an den Komponisten, der heute in der Bergkirche von Eisenstadt seine vermutlich letzte Ruhestätte gefunden hat.

Der Zentralfriedhof ist unterteilt in den interkonfessionellen und den konfessionellen Teil, der sich aus dem katholischen, evangelischen, jüdischen und muslimischen Friedhof zusammensetzt.

So viele Gräber, so wenige Hinterbliebene ...

Auf unterschiedliche Bedürfnisse und Riten wird am Zentralfriedhof Rücksicht genommen. So dürfen zum Beispiel Hindus bei der Einäscherung ihres Verstorbenen dabei sein. Der älteste Sohn wirft bei diesem Ritual einen Topf hinter sich, um mit der Vergangenheit abzuschließen.

»Es gab eine Dame, die bei einem Verein war, wo Ostereier bemalt und gesammelt wurden. Ihre Freundinnen haben ihr dann Ostereier ins Grab nachgeworfen. Andere lassen Luftballons steigen.«

Bei den serbisch-orthodoxen Gräbern ist das Miteinander mit dem Verstorbenen auch noch nach dem Tod ein Thema. Samstags ist Friedhofsbesuchstag und da kommt die gesamte Familie und das Grab wird mit einem Tischtuch überdeckt, Campingstühle aufgestellt, Getränke und Speisen verteilt und ‚gemeinsam' mit dem Verstorbenen konsumiert«, so Bock. Eine der Hinterbliebenen sagte zu Bock: »Wir besuchen unsere Toten und verbringen mit ihnen Zeit.«

»Es gab eine Dame, die bei einem Verein war, wo Ostereier bemalt und gesammelt wurden. Ihre Freundinnen haben ihr dann Ostereier ins Grab nachgeworfen. Andere lassen Luftballons steigen.«

Und weil am Zentralfriedhof nicht nur auf die Hinterbliebenen Rücksicht genommen wird, muss wohl auch noch diese Geschichte erzählt werden: Immer wieder kommt es vor, dass sich Hamster in ein bereits vorbereitetes Grab verirren und dort herumtoben. Dann bedarf es der ganzen Geschicklichkeit der Friedhofsmitarbeiter, die putzigen Tierchen wieder herauszuholen. Sie schaffen das entweder mit schräg in die Grube gelehnten Brettern, die dann von den Hamstern als Laufsteg nach oben benutzt werden oder, wenn es schon recht eilig ist, weil die Begräbnisgesellschaft bereits in der Nähe ist, indem sie die Tiere einfangen und herausheben.

Wieder zurück zu unserem Rundgang. Es gibt hier im Museum noch vieles zu sehen. Da ist zum Beispiel ein Herzstichmesser ausgestellt. Es wurde noch bis ins 20. Jahrhundert verwendet, um sicherzugehen, dass der Tod auch tatsächlich eingetreten sei. Man musste allerdings noch zu Lebzeiten darüber verfügen, damit es dann an einem angewendet werden durfte. Das lässt sich wohl mit der uns heute bekannten Patientenverfügung vergleichen. Dann gab es auch Rettungswecker, die mit einer Schleife um das Handgelenk des Toten gebunden wurden. Regte sich der Tote, so löste die Bewegung das Läuten des Weckers aus. Und wir entdecken schließlich noch Beschläge und ein Informationsblatt der ehemaligen Sargfabrik aus dem 14. Bezirk, die wir bei einem anderen Grätzel-Rundgang besucht haben.

Auch verschiedene Modelle von Särgen sind ausgestellt. Einer, der es uns besonders angetan hat, ist der Sparsarg oder »Josephinischer Gemeindesarg«. Er ist an der Unterseite mit einer Klappe ausgestattet, die mittels eines Hebels geöffnet werden konnte. Der in einen Leinensack gewickelte Leichnam fiel so direkt ins Grab und der Sarg konnte wiederverwendet werden. Der Sparsarg war dem Erfindungsgeist des Reformkaisers Joseph II. geschuldet, der ihn 1785 einführen ließ und den jede Pfarre unentgeltlich zur Verfügung stellen musste. Nach heftigem Protest der Bevölkerung über dieses »gottlose Vorgehen« wurde er bereits nach einem halben Jahr wieder vom »Markt« genommen.

Am Grab hat selbst der Kaiser seine Macht verloren. Ein »Sparsarg« geht gar nicht, meinten die Wiener, und Josef II. musste sich beugen.

*So a schöne Leich*«, ein sehenswerter Film, der den letzten Weg von Albert Baron Rothschild 1911 aus der Innenstadt zum Zentralfriedhof dokumentiert. Es handelt sich dabei um einen der ältesten erhaltenen österreichischen Dokumentarfilme. Er zeigt den imposanten Leichenzug von der Prinz-Eugen-Straße über den Schwarzenbergplatz zum Zentralfriedhof. Bei Tor 1, auf dem alten jüdischen Friedhof, fand Rothschild seine letzte Ruhestätte.

Gleich nach unserem Besuch im Museum gehen wir Richtung Friedhofskirche, um die Ehrengräber zu besuchen. Bei der Gruppe 32A wollen wir uns ein wenig länger aufhalten. Hier fanden der Wiener Schriftsteller und Charakterschauspieler

Johann Nestroy und die Komponisten Johannes Brahms, Johann Strauß Sohn, Franz Schubert, Ludwig van Beethoven und Wolfgang Amadeus Mozart in bester Nachbarschaft mit vielen weiteren Persönlichkeiten ihre letzte Ruhestätte.

Wir gehen zur Gruppe 14A, die sich auf der anderen Seite des Hauptwegs zur Kirche, direkt gegenüber von 32A befindet. Hier finden wir bei Nummer 7 die Grabstätte von Dr. Theodor Billroth, dem wir auch im Campus des Alten AKH bereits begegnet sind. Auch die Schauspielerin Antonie Adamberger liegt hier auf Nummer 49 begraben. Beethoven komponierte für sie die Lieder des »Klärchen« zu Goethes Egmont, die am 15. Juni 1810 im Burgtheater zur Aufführung kamen. Sie war die Verlobte des Dichters Theodor Körner.

Die Gruppe 32C nahe der Kirche beherbergt Persönlichkeiten wie den langjährigen österreichischen Bundeskanzler Bruno Kreisky, die Schauspieler Werner Krauss, Theo Lingen, Curd Jürgens und Hans Moser, den Schriftsteller Franz Werfel und die Schriftstellerin und Verfasserin des Textes der österreichischen Bundeshymne, Paula von Preradović, um nur einige zu nennen. Auch Karl Farkas, der große Meister des altösterreichischen Kabaretts, liegt hier begraben. Von ihm soll der Satz stammen:

> »Ich mache mir ernstliche Sorgen um die Zukunft
> der österreichischen Literatur.
> Schauen Sie, Grillparzer ist tot, Nestroy ist tot –
> und ich bin auch nicht mehr der Jüngste.«

Heute liegt Grillparzer auf dem Hietzinger Friedhof und Nestroy plaudert manchmal nächtens mit Farkas. Aber die österreichische Literatur ist immer noch gut lebendig.

Weicht man von der Gruppe 32C links ab, kommt man zu 33G, wo sich die Gräber von Persönlichkeiten wie dem Psychiater Erwin Ringel und den Schauspielern Leon Askin und Helmut Qualtinger befinden. Hier liegt auch der vielbesuchte Udo Jürgens begraben. Der imposante Marmorflügel auf seiner Ruhestätte wurde nach einem Entwurf seines Bruders Manfred Bockelmann angefertigt. Der Schriftsteller Ernst Jandl liegt ebenfalls hier. Von ihm sei, weil hier der rechte Platz dafür ist, das Gedicht »mutters früher tod« zitiert: »*mutters früher tod hat mich zum zweiten mal geboren mit eselsohren und der langen nase des pinocchio. so findet man mich leicht. ich bin verloren.*« Da verneigen wir uns vor diesem sprachgewaltigen Wortakrobaten und gehen weiter.

Folgt man von hier dem Hauptweg links von der Kirche, kommt man zur Gruppe 40, dem Ehrenhain der Kulturschaffenden. Die letzte Ruhe fanden hier der Schauspieler und Kabarettist Ernst Waldbrunn und Hans Hölzl, besser bekannt als Falco. Mehr als 4.000 Menschen nahmen am 14. Februar 1998 Abschied von ihrem Idol. Er ist lebensgroß auf einem gläsernen Schrein abgebildet. In der Reihe 22/23 derselben Gruppe, auf Nummer 1, befinden sich die sterblichen Überreste von 596 Kindern und Jugendlichen, die als »lebensunwertes Leben« in den Jahren 1940–45 in der NS-Euthanasieklinik am Spiegelgrund getötet wurden. Es ist eine Stätte des Erinnerns und Gedenkens. Erst im April 2002 haben sie hier ihre letzte Ruhe gefunden.

Dort drehen wir um und gehen in den östlichen Teil des Friedhofs, zum alten jüdischen Friedhof bei Tor 1. Hier fanden neben Baron Rothschild noch weitere Persönlichkeiten ihre letzte Ruhe, so etwa der österreichische Neurologe und Psychiater, Begründer der Logotherapie und Existenzanalyse Viktor Frankl. In seinem 1946 erschienenen Werk »... trotzdem Ja zum Leben

> *»Der Anspruch auf den Platz an der Sonne ist bekannt. Weniger bekannt ist, dass sie untergeht, sobald er errungen ist.«*
>
> KARL KRAUS

sagen: Ein Psychologe erlebt das Konzentrationslager« schilderte er eindrucksvoll seine Erlebnisse und Erfahrungen in den Nazi-Vernichtungslagern während des Zweiten Weltkriegs. Auch Arthur Schnitzlers letzte Ruhestätte findet sich in diesem Bereich. Der Arzt, Erzähler und Dramatiker war einer der bedeutendsten Vertreter der Wiener Moderne. Schließlich hat der scharfzüngige Schriftsteller und Wortkünstler Karl Kraus hier ein schattiges Grab gefunden. Er sagte selbst einmal: »*Der Anspruch auf den Platz an der Sonne ist bekannt. Weniger bekannt ist, dass sie untergeht, sobald er errungen ist.*«

Der alte jüdische Friedhof ist einen eigenen Spaziergang wert. Ruhig und beinahe märchenhaft liegt er da. Immer wieder begegnen wir Rehen und Hasen, die sich ohne Scheu aus der Nähe betrachten lassen. Sie finden an diesem verwunschen daliegenden, ruhigen Bereich gute Plätze und werden fast eins mit den moosüberwachsenen alten Grabsteinen.

Der Architekt Oskar Marmorek, dem wir bereits bei der Grätzelwanderung in Margareten begegnet sind, ruht hier. Seine bekanntesten Bauwerke sind der »Rüdigerhof« im 5. Bezirk und der »Nestroyhof« in der Leopoldstadt, den er für seinen Schwiegervater Julius Schwarz baute. 1895 lernte Marmorek den Begründer des Zionismus, Theodor Herzl kennen, schloss sich diesem an und wurde einer der besten Freunde. In einem Brief vom 18. Mai 1897 bezeichnete Herzl ihn als »den ersten Baumeister der jüdischen Renaissance« und ließ Marmorek und dessen Bruder Alexander in seinem Roman »Altneuland« als Architekt und Professor Dr. Steineck vorkommen. Oskar Marmorek war es auch, der 1906 den Hochstrahlbrunnen zu einem farbenprächtigen Leuchtbrunnen umgestaltete. Nicht alle bei den vorherigen Wanderungen genannten Personen bekamen ihren Platz am Zentralfriedhof, einige von ihnen mussten emigrieren und haben ihre letzte Ruhestätte in ihrer neuen Heimat gefunden. So auch der Schriftsteller und Journalist Moses Joseph Roth, besser bekannt als Joseph Roth, der am »cimetière parisien« im Süden von Paris begraben liegt. 1933 verließ Roth Deutschland. In einem Brief an Stefan Zweig schrieb er Folgendes:

> »Inzwischen wird es Ihnen klar sein,
> daß wir großen Katastrophen zutreiben.
> Abgesehen von den privaten –
> unsere literarische und materielle Existenz ist ja vernichtet –
> führt das Ganze zum neuen Krieg.
> Ich gebe keinen Heller mehr für unser Leben.
> Es ist gelungen, die Barbarei regieren zu lassen.
> Machen Sie sich keine Illusionen.
> Die Hölle regiert.«
> (Joseph Roth, Briefe 1911–1939. Köln 1970, S. 249.)

Roths Bücher wurden Opfer der Bücherverbrennungen durch die Nationalsozialisten.

Nach so viel Geschichte und »Gschichteln« haben wir uns noch einen feinen Abschluss verdient. Wir besuchen das Concordia Schlössl in der Simmeringer Hauptstraße 283. Viele Trauergesellschaften nehmen hier nach dem Begräbnis den Leichenschmaus ein und kommen gemeinsam aus der Stimmung des Todes wieder zurück in das Leben. »Im Schlössl« fühlt man sich zurückversetzt ins Wien der Jahrhundertwende. Wir genehmigen uns einen Kaiser-

Der mit Marmorsäulen und Thonet-Sesseln ausgestattete Pavillon hat seinen besonderen Reiz.

Der überdimensionale Marmor-Christus vor dem Eingang und die im Garten liegenden unvollständigen Grabsteine erinnern noch an die Steinmetz-Ära des Hauses.

schmarrn mit Zwetschkenröster und Schlagobers. Und zum Schluss noch eine aromatische Melange. Beim Genuss dieser typisch österreichischen Spezialitäten hängen wir ein wenig unseren Gedanken nach …

Das Schlusswort überlassen wir jedoch Ernst Jandl, zu dem wir nochmals höflich hinübergrüßen:

»Wir sind die Menschen auf den Wiesen,
bald sind wir Menschen unter den Wiesen
und werden Wiesen, und werden Wald,
das wird ein heiterer Landaufenthalt.«